スポーツ選手のための
ケガに打ち克つ メンタルトレーニング

高橋 浩一 著

ベースボール・マガジン社

はじめに

「怪我のデパート」といわれるほど数多くの怪我を克服してきた大相撲、元関脇水戸泉、現錦戸将斗親方は、度重なる怪我のたびに、明確な目標を設定することで、やる気を高めて、38歳まで現役を続けた！（詳細は25ページ）。

ロサンゼルスオリンピック、レスリング競技グレコローマンスタイル代表の宮原厚次氏は、オリンピック本番直前に、足の痛みで全く動けない状態になったが、そのときに「これは神様が休めといっている！」と前向きに考え、オリンピック本番では、見事に金メダルを獲得した！（詳細は20ページ）。

ロサンゼルスオリンピック体操個人総合、種目別つり輪金メダリストの具志堅幸司氏は、医師が見放すような足の骨折をしても「上半身を鍛える絶好のチャンス！」と気持ちを切り替え、その後の競技人生をプラスにした！（詳細は49ページ）。

これら「目標を持ってやる気を高める！」「プラス思考！」「気持ちのコントロール！」などはメンタルトレーニングにおいて、非常に重要なポイントです。そして怪我を克服する際には、治療やリハビリと同時に強い心が非常に大切です。

しかし、怪我をすると通常は気持ちが落ち込みます。数多くのプロボクサーを育ててきた石川ボクシングジム石川久美子会長によると、以前、同ジム所属のプロボクサーがアッパーカットにより、顎を砕かれて、一ヶ月の入院を余儀なくされたそうです。入院中、またボクサーとして復帰できるか、復帰できても今より強くなれるかなどの不安が非常に強く、精神的にとても、とても不調になり、荒れたり落ち込んだりしました。石川氏はジムの会長としての精神的なサポートが、ものすごく大変であり、同時に重要であると感じたそうです。このようにボクシングというハングリーで過酷極まるスポーツをしているアスリートでも、怪我により精神的に不安定になり得ます。

一方でメンタルトレーニングが怪我の克服に役立ったという話もあります。

スノーボード選手の片岡弥生氏（RAVEN 所属／トータルスノーボードスクール STEP7 受講生）は、練習中に左膝の靭帯を損傷しました。さらにリハビリテーションの経過が思わしくなく、不安や恐怖に悩みました。苦しんでいる自分を誰かに救ってもらいたい！　と思ったことがきっかけで、メンタルトレーニングの指導を受け、スポーツ心理学を学び始め選手として復帰しました。ところが左膝の靭帯を損傷した4年後に、今度は右膝の靭帯を損傷しました。しかし、2度目の受傷の後は、自分の気持ちをコントロールでき、メンタルの部分で落ち着いて対応できました。そして2回目の怪我の克服には、初回の怪我の後にメンタルトレーニングを勉強したことが大きな力になったと実感しています（詳細は54ページ）。

　このように大きな怪我をしたアスリートにとって、メンタルトレーニングを取り入れることは、気持ちを高め、怪我の治療やリハビリの時間を有効に使い、驚異的な回復を可能にします。また怪我をしたことが、その後の競技人生にプラスになり、怪我をする前より、良いパフォーマンスを生み出すなど、「怪我の功名」を作り出し、まさに「怪我をしたときこそチャンス！」につなげています。実際、怪我を克服してから精神的に強く、たくましくなり、その後の競技人生をプラスにしているという声をよく耳にします。

　目標を持ってがんばっているスポーツ選手であれば、怪我をして落ち込んでいる場合ではありません。メンタルトレーニングは、いつでも、どこでもできます。気持ちを前向きにして、アスリートとして発展する方法を考えていきましょう。

contents

スポーツ選手のための　ケガに打ち克つメンタルトレーニング

はじめに … ……………………………………………………1
怪我をしたときこそチャンス！　——この本がめざすところ ……5

第1章 | メンタル強化のスタート　—自己分析— ………9

第2章 | やる気を高めるトレーニング　—ポジティブ・シンキング ……17
　1. 現実認識　—理想と現実の見極め— ………………21
　2. やる気を高めるための目標設定 ……………………25

第3章 | プラス思考を育むトレーニング ………39
　1. セルフトーク ……………………………………39
　2. 姿勢 ………………………………………………42
　3. できることとできないことを明確にする ………44
　4. スポーツ選手として視野を広げるチャンスであることを認識する ……47
　5. 思考の転換 ………………………………………49
　6. 好きなこと、楽しいことに目を向ける …………53
　7. 辛い症状を苦しむより、良くなった症状を探す …57
　8. 感謝の気持ちを大切にする ………………………61
　9. ライバルの活躍をプラスに考える ………………64

第4章 | 気持ちをコントロールするトレーニング ………67
　1. サイキング・アップ ……………………………67
　2. リラクゼーション ………………………………69
　3. スマイル …………………………………………76
　4. 痛みのコントロール ……………………………78
　5. 理想的心理状態 …………………………………79

3

第5章 イメージトレーニング …………………………………81
1. 良くなった自分をイメージ ………………………………81

第6章 集中力を高めるトレーニング ………………………87
フォーカルポイント ……………………………………87

第7章 メンタル強化を支える重要な要素 …………………93
1. 生きる基本 ………………………………………………93
2. 周囲の協力 ………………………………………………94
3. 治療を効果的にする　―治療者との良好な関係― ……100
4. 選手が怪我したときの指導者として ……………………104
5. 女性アスリートの指導者として …………………………116
6. 子どもが怪我したときの家族として ……………………117
7. 目を鍛える ………………………………………………121
8. 自分の体を知る …………………………………………123
9. ネットワークの利用 ……………………………………124
10. 発散 ………………………………………………………125
11. オーバーワーク …………………………………………126
12. 復帰 ………………………………………………………129
13. 自分を責めない　被害者意識を最小にする
　　悲劇のヒロイン症候群 ………………………………130
14. 復帰が絶望的な怪我をした場合 ………………………132

第8章 怪我に悩んでいるアスリートへの助言 ……………141
怪我は過去の出来ごと ……………………………………141
怪我に悩む時間を減らすことが大切！ …………………145
怪我をしたときこそ、メンタルが大切！ ………………149
あきらめない気持ちが大切！ ……………………………153

怪我をしたときこそチャンス！
―― この本がめざすところ

　スポーツ心理学におけるメンタルトレーニングでは、いかなる状況でも、怪我をしたときでも気持ちを前向きにコントロールできるようにトレーニングすることを目的にしています。

　メンタルトレーニングに初めて接したとき私は、自己能力向上の可能性、他の分野へ応用できる発展性を感じ、強く心を打たれました。それ以後、東海大学高妻容一教授を中心とした、メンタルトレーニングの研究会に定期的に参加しています。このメンタルトレーニングは、スポーツだけでなく、病気や怪我の方々にも応用が可能です。考え方一つで気持ちが前向きになることが多く、医師である私は実際に診療に取り入れ、効果を実感しています。

　私は平成20年秋に、『病に打ち克つメンタル強化法』（蜜書房）を出版しました。この本では、病気に悩む方々に対し、メンタルトレーニングを応用することで、メンタルの部分を強化し、病気に打ち克つことを目標としています。そして読者からは「依存ではなく自立を促されていて、コーチから激励されているような気持ちになって自然に強くなれるのでは、と感じました」「どんな崇高な医学書より、患者すなわち人間に必要な心の方向性を教えてもらったように思えます」などの感想や好評の声をいただきました。このような経過から、メンタルトレーニングを病気だけでなく、怪我に悩む方々へも応用して、サポートしたいと考えるようになりました。

　日常社会では、スポーツや事故などで怪我をする方々も少なくありません。怪我の後遺症といかに付き合っていくかを考えなくてはいけない場合もあるでしょう。また怪我に悩むスポーツ選手の中には、怪我をきっかけに、精神面で落ち込み、日常生活を意欲的に生きる力が失せてしまうばかりか、中には人生にも絶望する人もいます。怪我に対する治療が重要なのはもちろんですが、これによって完全な改善がみられるレベルには達しないことも少なく

怪我をしたときこそチャンス！

なく、その場合にはメンタル面の強化が求められます。また、メンタルトレーニングでメンタル面を強化することにより、アスリートとして驚異的な回復も可能となります。

　本書には、怪我をしたアスリートの体験談や、怪我をしたアスリートをサポートしてきた方々のコメントを盛り込んでいます。登場される方々は、メンタルが強いため、経験談やコメントからもメンタルの強化を学ぶことができます。なお、登場する方々の所属などは、インタビュー当時のものです。

　メンタルトレーニングは文字通り、メンタルのトレーニングです。怪我に対する治療やリハビリテーション（以後、リハビリ）に加え、日々の「怪我に打ち克つメンタルトレーニング」が相成って、アスリートはもちろん、社会人、学生、主婦、さまざまな方々が、怪我に打ち克って、幸福な人生の道を歩んでいただきたいと願っています。そして、怪我をしたことが、今後の生活にプラスになれば幸いです。

メンタルトレーニングとは

　メンタルトレーニングとは、応用スポーツ心理学という学問から派生した、メンタル面強化のトレーニングのことをいいます。長年にわたって蓄積されたスポーツ選手の心理状態などの科学的データを、実際のスポーツの現場でいかに活かすかを研究し、それをプログラム化して練習や指導に応用するものです。メンタル面の強化により、スポーツの様々なプレッシャーのかかる場面でも、自分の気持ちをコントロールし、集中力を高めて前向きな考えをするための心理的スキルを学ぶことで、ベストパフォーマンスが可能になります。

　毎日メンタルトレーニングを実施することで、練習への心の準備ができ質の高い練習ができるようになり、より上達や向上が可能になります。また、毎日の練習でメンタル面を強化することで、試合などの本番で実力を発揮するための準備が充実し、結果として勝利（成功）へつながるという理論です。同時に、24時間を活用してメンタルトレーニングをやれば、あなたの生活もプラス思考で前向きの楽しいものにすることも可能です。

　このメンタルトレーニングは、世界的にはビジネス・教育・健康・パフォーミングアーツなど、幅広い分野で応用されています。しかし、日本ではメンタルトレーニングを中心とした応用スポーツ心理学は諸外国に比べ、普及しておらず、健康をはじめ、他の分野への応用もまだまだ浸透していないようです。そこで今回、怪我に打ち克つためのメンタルトレーニングについて考えてみました。

怪我に打ち克つメンタルトレーニングの目的
（1）怪我を乗り越えてアスリートとして向上し、良いパフォーマンスにつなげる。良い成績を残す。
（2）強い心をつくり、怪我をプラスに転じる
（3）人間的向上

怪我に打ち克つメンタルトレーニングの方法
（1）やる気を高めるトレーニング
（2）プラス思考を育むトレーニング
（3）気持ちをコントロールするトレーニング
（4）イメージトレーニング
（5）集中力を高めるトレーニング

　これらの心理的スキルをプログラム化して、より効果的にトレーニングすることがメンタルトレーニングです。

第1章

メンタル強化のスタート
―自己分析―

　怪我に打ち克つ強い心をつくるためのメンタルトレーニングを始める前に、まずやるべきことがあります。それが自己分析です。

　スポーツ心理学の分野では、いくつかの統計学処理及び、標準化されたスポーツ心理テストがあります。メンタルトレーニング前後で、自己分析を行い、効果を判定します。

　しかし、メンタル強化が目的の、怪我に悩む方々を対象とした心理テストは、私の知る範囲では存在しません。そこで、高妻容一著『今すぐ使えるメンタルトレーニング　選手用』(ベースボール・マガジン社刊)の質問に答える形式の自己分析を怪我に悩む方々に使えるように改作しました。簡単なチェック形式と、いくつかの質問です。この自己分析は必ず行い、メンタル強化を始める前に回答し、数ヵ月後、数年後の回答と比較してください。

質問1　次頁の基準1と基準2の中から、自分に当てはまると思うものすべてにチェックをつけてください。なお、1は、0とも2とも、どちらともい

えない場合にチェックして下さい。そして、基準1、基準2それぞれの、合計得点を計算して下さい。

【基準1】

体調改善のための心の準備を	していない		している
	0,	1,	2
良くなる自分のイメージが	沸かない		沸く
	0,	1,	2
ミスをしたら…失敗したらと	不安になる		不安にならない
	0,	1,	2
治療や診療の前に	不安になる		不安にならない
	0,	1,	2
周りの雰囲気に	のまれる		のまれない
	0,	1,	2
実力を	発揮できない		発揮できる
	0,	1,	2
プレッシャーを	感じる		感じない
	0,	1,	2
私は	弱気		強気
	0,	1,	2
私は	マイナス思考		プラス思考
	0,	1,	2
練習は	嫌いだ		好きだ
	0,	1,	2
練習を	やりたくない		やりたい
	0,	1,	2
治療や診療は	嫌いだ		好きだ
	0,	1,	2

第1章　メンタル強化のスタート

治療やリハビリを	やりたくない		やりたい
	0,	1,	2
頭が真っ白になることが	多い		少ない
	0,	1,	2
自分が何をしているのか分からなくなることが	多い		少ない
	0,	1,	2
社会にでるとミスが	多い		少ない
	0,	1,	2
周囲が気になることが	多い		少ない
	0,	1,	2
何か怖いと感じることが	多い		少ない
	0,	1,	2
ミスをしたら落ち込むことが	多い		少ない
	0,	1,	2
気持ちの切り替えができないことが	多い		少ない
	0,	1,	2
周囲の人に怒られると	落ち込みやすい		落ち込みにくい
	0,	1,	2
治療や診療に集中	できない		できる
	0,	1,	2
治療や診療前は気持ちが	暗くなる		明るくなる
	0,	1,	2
治療や診療に対して	消極的		積極的
	0,	1,	2
治療や診療はやらされている気持ちが	強い		弱い
	0,	1,	2
主治医に不平や不満が	多い		少ない
	0,	1,	2

主治医と話を	しない		する
	0,	1,	2
主治医に何をいっても無駄だと	思っている		思わない
	0,	1,	2
仕事や日常生活にやる気が	ない		ある
	0,	1,	2
治療をやめようと思ったことが	多い		少ない
	0,	1,	2
何とかしたいけど毎日が面白くなく過ぎていくと	いつも感じている		ほとんど感じない
	0,	1,	2
治療や診療を何のためにやっているのかわからないと	いつも感じている		ほとんど感じない
	0,	1,	2
治療や診療を適当にやっていると	いつも感じている		ほとんど感じない
	0,	1,	2
周囲からメンタル面が	弱いといわれる		強いといわれる
	0,	1,	2
被害者意識が	強い		弱い
	0,	1,	2
症状が辛いと、他のことを	考えられない		考えられる
	0,	1,	2
自分はとても不幸だと	思う		思わない
	0,	1,	2
誰も自分を理解してくれないと	いつも感じている		ほとんど感じない
	0,	1,	2
息が詰まると	いつも感じている		ほとんど感じない
	0,	1,	2

何かにつけ、人のせいにする傾向が	ある		ない
	0,	1,	2

【基準2】

治療や診療のための心の準備を	する		しない
	0,	1,	2
次はこうしようと良いイメージが	湧く		湧かない
	0,	1,	2
治療や診療が	楽しみだ		苦痛だ
	0,	1,	2
良くなるイメージが	多い		少ない
	0,	1,	2
不安や心配が	多い		少ない
	0,	1,	2
気持ちが燃えることが	多い		少ない
	0,	1,	2
気持ちがのってくることが	多い		少ない
	0,	1,	2
治療や診療は	面白い		つまらない
	0,	1,	2
いい意味での緊張感が	ある		ない
	0,	1,	2
主治医の顔が励みに	なる		ならない
	0,	1,	2
仕事や日常生活が	好きだ		嫌いだ
	0,	1,	2
仕事や日常生活は	楽しい		つまらない
	0,	1,	2

自分の上達、進歩を	感じる		感じない
	0,	1,	2
主治医の言葉がアドバイスに	聞こえる		聞こえない
	0,	1,	2
主治医が	好きだ		嫌いだ
	0,	1,	2
主治医を	信頼している		信頼していない
	0,	1,	2
主治医のアドバイスは役に立つと	思う		思わない
	0,	1,	2
ミスをしたら次はミスをしないと	頑張る		頑張らない
	0,	1,	2
気持ちの切り替えが	早い		遅い
	0,	1,	2
健康のことを考え節制	している		していない
	0,	1,	2
やりたいことがある	ほとんど感じない		いつも感じている
	0,	1,	2
やりたいことに優先順位を	つけている		つけていない
	0,	1,	2
自分には	夢がある		夢がない
	0,	1,	2
目標が	明確だ		明確でない
	0,	1,	2
目標を達成するためのプランが	できている		できていない
	0,	1,	2
日誌を	つけている		つけていない
	0,	1,	2

第1章　メンタル強化のスタート

自分のためになる本を	よく読む	読まない
	0, 1,	2
柔軟な考えを	持っている	持っていない
	0, 1,	2
人のいうことを	よく聞く	聞かない
	0, 1,	2
心が	広い	狭い
	0, 1,	2
人生が楽しいと	感じている	感じない
	0, 1,	2
人と	よく話す	話さない
	0, 1,	2
主治医との人間関係が上手く	いっている	いっていない
	0, 1,	2
人のために	なりたい	なりたくない
	0, 1,	2
感謝の気持ちが	強い	弱い
	0, 1,	2
好きなことが	多い	少ない
	0, 1,	2
笑うことが	多い	少ない
	0, 1,	2
食欲が	ある	ない
	0, 1,	2
自分の体調に	向かい合う	向かい合わない
	0, 1,	2
自分は	負けず嫌いだ	負けず嫌いでない
	0, 1,	2

質問 2　上の質問で基準 1 と 2 それぞれ、何点でしたか？

基準 1 が高得点で、基準 2 が低得点であれば、ある程、メンタル面が強いと考えられます。

基準 1:　50 点以上：メンタルが強い、60 点以上：メンタルが超強い
基準 2:　30 点以下：メンタルが強い、20 点以下：メンタルが超強い

これから怪我に打ち克つため、メンタルを強化するよう、頑張っていきましょう！

第**2**章

やる気を高めるトレーニング
―ポジティブ・シンキング―

　アスリートには怪我が付きものとはいえ、怪我をした場合、特に大きな怪我であればあるほど、通常、気持ちが落ち込み、不安や焦りを伴い、マイナス思考になりがちです。

　これから、怪我は元通りに回復するのだろうか？　後遺症は残るのだろうか？　など、さまざまなことが頭をよぎるのは当然でしょう。特に大切な試合が近かったり、チーム内での立場がどうなるのか不安になったり、ライバルが気になったり…。
　そして、気分の落ち込みはマイナス思考へとつながります。マイナス思考が続くと、
　怪我をした→自分はアンラッキーだ→潜在意識にアンラッキーが植え込まれる→潜在意識が気持ちをマイナスにする→自分はアンラッキーだに戻る
など負のスパイラルに陥りがちです。
　この負のスパイラルを断ち切るため、マイナス思考と、プラス思考を理解

する必要があります。

マイナス思考には、

　弱気、気分が暗い、不安だ、焦りが強い、雰囲気が悪い、気持ちが落ち込む、怪我をさせた人や物が悪い、監督、コーチが悪い、先輩が悪い、チームメートが悪い、おもしろくない、楽しくない、調子が悪い、他人が悪い、環境が悪い、道具が悪い、天気など自然が悪い、医療が悪い、診療や治療が嫌い、周囲の人が悪い、やる気がない、などの表現がでてきます。

またマイナス思考の原因として、

　　怪我が治らないのではないか、悪くなるのではないかと考える不安。
　　家族や周囲に迷惑をかけるのではないか。
　　怪我が再発するのではないか。
　　また怪我をするのではないか。
　　思い通りに物事ができず、監督、コーチ、チームメート、家族に怒られるのではないか。
　　将来の見通しがつかない。
　　周囲から理解されない。
　　被害者意識が強すぎる。
　　他人のせいや物のせいにしたがる。

　などがあげられると思います。怪我を患われた方にとっては、気持ちがマイナスになるのはなおさら、人として当然の心理です。しかしマイナス思考が強すぎる、または長く続くと、体調が悪化します。そのためプラス思考、前向きな考えが重要になります。

第2章 やる気を高めるトレーニング

トレーニングで心が強くなる

前向きな考えには、

　強気、気持ちの切り替えがうまい、診療や治療、リハビリテーションが好き、楽しい、うれしい、おもしろい、気持ちがのる、調子がいい、感謝する気持ちでいっぱい、わくわくする、期待でどきどきする、などの表現ができます。

　怪我をして、なおかつ気持ちを前向きに保つことは、通常は容易なことではありません。しかし、そこでいかに前向きな考えをして、時間を少しでも有効に、発展的に、楽しく過ごし、メンタルを強くしていくにはどうしたらいいのかを、スポーツ心理学におけるメンタルトレーニングの考え、および怪我を経験されてきたスポーツ選手たち、怪我をサポートしてきたコーチ、医療従事者、トレーナーなどの体験談を踏まえて考えていきたいと思います。特に怪我を何らかの形で克服され、その後の経過をプラスに変えた方々は、

メンタルが強い人です。メンタルの強い方々の考えの多くにはほとんどの場合、誰でも実践可能で重要なことが隠されており、その点を取り入れる、参考にすることで、今後の経過をプラスに変える可能性を含んでいます。

いかなるときでも、自分の精神状態を冷静に保ち、さらにより楽しく、よりプラスに、より強気に考える自己暗示的な要素もあります。私たち人間のもともとの性格は変えにくいものですが、考え方は変えることができるといいます。前向きな考え、前向きな会話、前向きな態度をする割合を少しずつ、少しずつ増やし、辛い症状があっても楽しく、充実して生きることを考えていきましょう。

レスリング競技

レスリング競技グレコローマンスタイル52kg級ロサンゼルスオリンピック金、ソウルオリンピック銀メダリスト、天皇杯を4回獲得した宮原厚次氏は、肉離れや靭帯損傷といった怪我を幾度も経験し、「厳しいトレーニングには怪我がつきものなんだという感覚になり、いつしか怪我をしたときは、落ち込んでいる暇などなく、怪我をしていない部分の強化が重要ではないか！」と考えるようになったそうです。例えば足を怪我したら、上半身を、手を怪我したら足を鍛えるというように、気持ちを前向きに保ち、練習に励んだそうです。

レスリング競技の宮原厚次氏

そんななか、ロサンゼルスオリンピック本番直前に、足が腫れ上がり、痛みでまともに歩けない状態になりました。レスリング競技は、練習で技を磨くと同時に、大会出場の際は減量の問題があります。減量は体を動かして、ある程度の栄養を取りながら体重を落とすのが基本ですが、十分に動けないため、食事等をさら

に制限するといった対応で減量をしました。そんな状態でも、若干の不安や焦りはありましたが、「これまで十分練習してきたのだから、今は神様が休めといわれている！」といったように、気持ちをプラス思考に持っていったそうです。そのような前向きな考え方から、ロサンゼルスオリンピックで、金メダルを獲得しました。

このように怪我をして落ち込むのではなく、怪我をしたときこそプラス思考を保ち、ひいては怪我の克服につなげていくことが重要になります。

1. 現実認識　―理想と現実の見極め―

大きな怪我をしてしまった場合、程度によりますが、すぐに練習や試合に復帰するのが難しいことがあります。
「明日、大切な試合があるのに…」
「怪我の治療の間に、ライバルたちに差をつけられる…」
など、気持ちが落ち込むことは至極当然です。しかし、大怪我であれば、あるほど「すぐに怪我が治る」というのは理想であって、現実的でありません。

現実をしっかり認識し、今後の経過を考えることが大切です。ときには現実認識に、時間がかかる場合も少なくありません。現実の認識ができていない期間は、様々な努力が空回りしがちです。焦りにもつながりかねません。しかし、この現実を認識することは、メンタルトレーニングを開始する際には非常に重要です。実際、怪我で何をしたらいいのか分からない、不安でしょうがないといった状態であっても、現実の認識ができると物事を冷静に考えることができて具体的な行動につながるといった生の声を多く聞きます。

プロ野球

元プロ野球、埼玉西武ライオンズ選手で、現在球団職員の高木大成氏は、10年間のプロ野球人生のうち、右足首靭帯断裂や右手首靭帯損傷などの怪我で、計4回、6ヶ所の手術を受けました。今も手足に残る手術創が、手術とリハビリの繰り返しのような壮絶なプロ野球人生を物語ります。

元埼玉西武ライオンズの高木大成氏

　このような経験を乗り越えてきた高木氏は、怪我をしたときには、まず怪我を受け止める努力が大切と指摘します。実際は怪我をするたびに、直後は「なぜ怪我をしたのか…」「何で自分だけが…」と自己嫌悪に陥りました。しかし、起こしてしまった怪我に対して、常に現実を認識する努力をしたそうです。

　そして大きな怪我であれば、怪我の治療やリハビリには時間がかかるので、焦らず、怪我の回復に時間がかかる事実を受け止めることで、どうしたらよいか考えられるようになったそうです。具体的には、「焦るので一軍の試合や選手たちの活躍を見ない」「目標設定を前に置き過ぎない」「先を見過ぎない」といったことを心掛けたそうです。

　怪我をして落ち込んでいる状態から、復帰に向けて進む第一歩として、現実認識があります。現実を認識できた時点で、怪我を克服するためのスタートに立った！　といっても過言ではありません。現実認識には、怪我の状況はどうなのか、リハビリにどの程度時間がかかるか、回復した場合、どの程度のパワーが発揮できるか、後遺症が残るのか、などが重要になります。そのようなことをふまえて、あせらず、目標を前に設定しすぎず、先を見過ぎずといった意識で自分を抑え、じっくりと治療やリハビリをすすめることが大切です。

　また高木氏は、自分の経験を通じて、アスリートに対して、自分の体について学ぶことを望んでいます。さらに自分の長所短所を医学的に理解すると同時に、医学を学ぶ環境を作ることが大切と述べました。

　怪我の連続による度重なる手術、リハビリを経験した高木氏からの、切実な指摘でしょう。自分自身で医学のみならず、運動生理学や神経、筋肉、骨

第 2 章　やる気を高めるトレーニング

の構造と機能を学ぶことは、怪我の状態はどうなのか…、弱った筋肉に対して、どこを鍛えてカバーすべきか…、治療やリハビリが思ったように進まないが、どうしたものか…など、現実認識も含め今後の怪我を克服する上でとても重要です。そのため専門書や医療スタッフの協力などにより、知識を得ることが大切です。ただし専門書や医療スタッフからのアドバイスは、大まかな部分での治療や、リハビリの方針などの情報を与えますが、個々の細かい症状への対応には、自身の体調と照らし合わせて、マニュアル化するのでなく、臨機応変な判断が必要です（後述、「自分の体を知る」参照）。

　また指導者も「ドクターのいう通りにリハビリをやれば良いんだ！」と押しつけるのでなく、アスリート自身が医学を学び、自分の体調を理解する環境を整えることが重要であると助言すべきだと思います。

アルペンスキー

　アルペンスキー選手、長野オリンピック、ソルトレイクシティーオリンピック、トリノオリンピック、バンクーバーオリンピックと4大会連続日本代表、竹村総合設備株式会社所属、Gorinpia 代表の皆川賢太郎氏。

　「私は、大きなイベントが終わった後に怪我をしてきました。2002 年ソルトレイクオリンピック後の春、左膝の重要な靱帯である前十字靱帯断裂、2006 年トリノオリンピック後の秋、右膝の前十字靱帯断裂です。

　1度目の怪我は、自分の選手生活で初めての経験だったこともあり全てが白紙状態でした。いくら精神力が強くとも、自分の知り得ない感覚や状況に戸惑い、時に、現実を投げ出したくなる瞬間が沢山ありました。

　しかし、それを乗り越えるために気がついたことがあります。それは、現状や足下ばかり見ても、先に進めないと感じたことです。

　大切なことは復活するまでの自分のプロセス。それを逆算して今を受け入れることでした。この法則を用いることで現実時間軸を素直に、そして的確に過ごせるようになりました。幸いなことに 2006 年のトリノオリンピックでは大きな成功を成し遂げることが出来ました。」

と、語りました。

　自分が復活する状態に対して現実を認識し、受け入れることが大切です。この現状のスタート地点から、復活する時点をゴールと定めて、ゴールからスタートへと逆算して時間軸を設定し、これをスタート地点から徐々に、確実に進んでいくという考えです。これを実践するには、的確なスタートとゴールの設定、つまり的確な現実認識が重要です。現実逃避したくなるような怪我の状況から、現実の認識と今後のプロセスが大切との考えを実践された結果が、トリノオリンピック4位入賞などの活躍につながった大きな要因でしょう。

　また、皆川氏はトリノオリンピック後の怪我について次のように述べました。
　「しかし、今度は逆側の脚に問題を抱えてしまいました。このとき、一度目の経験が生きていることはもちろんですが、1つだけ大きな違いがありました！　それは2本しか無い脚全てが健常状態ではなくなったことでした。
　これは何がいいたいかというと、人間は健常、つまりは元々あった機能に合わせるといったことがあります。1度目の怪我では健常な脚が残っていたこともあり、リハビリやトレーニングで飛躍的な回復を感じることができました。
　しかし、2度目の怪我では動きの模範となる感覚が体から消え、元に近い感覚を取り戻すには倍以上、いや本当に難しい作業なのだとわかりました。正直、今現在も自分を取り戻す作業をしている最中です。だから私自身の、今回の怪我を克服するための答えは、まだ出ていません。
　1度目の怪我で学んだ逆算が今でも大切なやり方ですが、きっと次のソチ五輪には、他に自分なりの答えを出すことが出来ると信じています。」

　両側の膝の靭帯損傷は、アスリートにとって致命的になりかねません。強靭な精神力を持ってしても、克服には高いハードルとなり得ます。そんな大怪我を経験しながらも、皆川氏は4回のオリンピック出場など、輝かしい業

績を残しています。しかし現状に満足することなく、自分を取り戻す方法を探索しています。この原動力の一つに、次に述べる目標を的確に設定していることがあげられます。

2. やる気を高めるための目標設定

　目標を設定することは、メンタルトレーニングにおいて非常に重要です。強靭な精神力をもった多くの方々は、目標設定が上手く、目的意識を明確に高く持っています。

大相撲

　「怪我のデパート」の異名を持つ、元大相撲関脇水戸泉、現錦戸将斗親方は、現役中に、左膝の怪我（内側側副靭帯損傷、半月板剥離骨折、半月板損傷）、左足の骨折（脛骨骨折）、左足関節の靭帯損傷、右膝関節の骨折など多くの怪我に悩みました。

　錦戸親方は、怪我の克服に最も大切なことは目標を持つことだといいます。目標を設定できるのは自分のみであり、自分自身がしっかりしなくてはいけません。怪我で充分に歩けない、稽古ができない状態のときには、「土俵に復帰するのだ！」という強い目標を定めました。その目標に対して、リハビリをすすめ、稽古を考えていきました。そして錦戸親方は現役時代、究極の目標を「横綱になること！」と定めていました。

大相撲関脇水戸泉（現錦戸将斗親方）

怪我により平幕に落ちても、十両に落ちても、究極の目標をふまえた上で、まずは「土俵への復帰」そして「再入幕」、さらに「三役復帰」と段階を踏んで目標を設定していきました。また目標達成のために、「何番以上の勝ち星を上げる」と具体的な目標を決めてそのために、「どういった技を鍛えるべきか！」「どのように体を維持していくか！」などの具体的なプロセス目標が必要になってきます。

　錦戸親方は、番付や体調、怪我の状態などを考慮し、結果に対する目標、そして結果に対するプロセス目標を設定しました。幕内優勝して大関が手に届く、という段階で怪我により平幕に落ちても、常に究極目標を念頭に置きつつ、実現可能な目標を設定できたことが、怪我で幕内在位中、99回の休場という横綱・大関を除く力士としては最多の休場数を経験しながらも38歳まで現役を続けられた原動力です。

　目標、しかも究極的な目標と、目の前の目標、結果に対するプロセス目標を臨機応変に、明確に設定できることは怪我を克服する上で非常に重要です。

　しかし実際は、怪我で悩み、苦しみ、逃げ出したくなること、やめようと思ったことは数知れないほどあったそうです。その場合は、目標を持つどころではありません。錦戸親方は、怪我で苦しんでいるときに、周囲や家族の協力や激励などで何度も、何度も助けてもらいました。そして「怪我で相撲をやめたくなかった！」「怪我を言い訳にしたくなかった！」という感情が湧き上がったときに苦難から気持ちを切り替えることができました。

　また、膝の故障で歩けない状態で落胆しているときに、病院内でリハビリを頑張っている脳卒中後遺症のおじいさん、おばあさん、足を切断しても車椅子でバスケットの練習に励む少年達の姿を見たときに、「俺は膝の怪我くらいで、何を弱気なことを考えていたのだ！　手足が麻痺して動かない、足が無い方々より各段にましではないか！　あの方々の頑張りに比べると、自分はなんと情けないのだ！」と、自分より苦しんでいる方々の頑張りを目にして、気持ちを改めたこともあったそうです。

ラケットボール

ラケットボールの廣林恭子氏は、＜甘ったれの挑戦＞と題して、膝の大怪我をしてからラケットボール選手に至る経験を語りました。

ラケットボールの廣林恭子氏

「私は、子供の頃から運動が好きで、将来はスポーツに関係する職業につくことを夢見ていました。そして中学生になると、バレーボールに熱中しました。高校3年生の練習のさなか、スパイクを決めようとジャンプに踏み切った瞬間、"ブチッ"と音がして、そのまま膝から床に倒れました。診断結果は、『左膝前十字靭帯断裂』『左膝内側側副靭帯損傷』『左膝内側半月板損傷』、大変重篤な膝の怪我でした。

医師からは、もうバレーボールへの復活は無理だと伝えられ、その言葉が人生の終わりであるかのように聞こえました。あまりの絶望感から長い間、眠れずに泣き続けたことを覚えています。その後に短大に入学し、膝を手術して、半月板のほとんどを除去しました。手術後に主治医から、改めて運動はあきらめなさいと念を押され、運動のできない自分に涙が止まりませんでした。

短大を卒業し、悲しさからも解放されて平凡なOL生活を送っていた頃、姉からの誘いを受け、膝のことを気にしながら、ラケットボールをはじめました。ぎこちなくてもスポーツを出来たその解放感に、この上ない嬉しさを感じました。またプレー中は意外にも膝が痛くないことを知り、ラケットボールを続けることにしました。

そのうちに中級者のクラスで入賞することができて、このまま練習すれば日本のトップ選手になることも夢ではない！　と、無謀ともいえる考えを持つようになりました。その頃に出会ったのが、現在私が勤める会社の社長で

した。その社長に、『ラケットボールで日本のトップ選手になりたいです』と、打ち明けました。親身に相談に乗ってくれた社長は、『本気ならば、協力する』と、言葉を返してきました。私は、『お願いします！』と勢いでいってしまいましたが、本心は『怖い、どうしよう…』と思う気持ちでいっぱいでした。

　親からも怒られずに育った私にとって、社長の指導には涙の連続でした。普段はとてもおおらかな人なのですが、ラケットの練習になった瞬間から厳しくなり、練習に集中しないと怒られました。一方でトレーナーを雇い、膝に負担のかからないトレーニングや動きの研究をするなど、膝に対するケアと、私の長所を伸ばすための指導には驚きました。

　それでもトレーニングが増えるにつれて膝に負担がかかり、ついに痛さに耐えられず、病院に行きました。そのドクターからは『もう膝は限界を超えている！　スポーツなんてとんでもない！』と怒鳴られ、高校時代の絶望感が蘇って、泣きながら社長とトレーナーに報告をしました。それを聞いた社長は『ちょうど良かった！　別のトレーニングを試そう！』『ダメなのは廣林の心だけで、膝は動きたがっているからあきらめたら意味がない！』と人ごとのように話されました。それから間もなく、膝に対して新たな試みが行われ、当時ではなじみの薄い"加圧トレーニング"も取り入れました。

　また私の個人的な目標が、皆を動かしてしまっていることに大変なプレッシャーを感じたこともありました。落ち込む自分に対し、社長は『好きなことをして泣くな！　今このときに飯を食えなくて死んでいく子供が何人いると思うんだ！』などと叱咤激励されました。そんな皆からの支えに、ラケットボール選手としては世界一の待遇ではないかと、ありがたみを再認識しました。

　その後、徐々にリハビリトレーニングの効果が現れ、試合も何とか3試合はこなせるようになり、全日本選手権で入賞できる位置までたどり着きました。そんなある日、社長は『2試合だけならヒロバヤシは強いぞ！　真っ向から外人と打ち合って日本のラケットボールに記録と希望を与えなさい！』との言葉とともに私を全米女子プロツアーに送り出していただきました。そ

して 2005 年からの 3 年間、全米各地で開催された WPRO 女子プロツアーを転戦し WPRO プロランキング 19 位の成績を残すことができました。

　膝が壊れそうな状態に、趣味で始めたラケットボールで、この私がプロツアー…。かつての絶望が、あきらめなかったことで、ここまで飛躍するとは夢にも思いませんでした。同時に、スポーツは無理だと 3 度も医師にいわれながら、こうして皆に支えられて大舞台で試合ができたことに感無量の喜びを感じています。」

　膝の怪我でも、特に前十字靭帯断裂、内側側副靭帯損傷、内側半月板損傷の合併は「不幸な三徴候（アンハッピー・トライアド）」といわれ、膝関節が不安定になり、現役運動選手としての復帰は絶望的と考えられていました。最近では医学の進歩に伴い、種目によっては復帰したアスリートがいますが、非常に少数であり、また復帰のための治療やリハビリは過酷を極めます。そのような大怪我を克服してのラケットボール、プロツアーでの活躍の陰には、膝の状態が悪化したときやプレッシャーに押しつぶされそうな状態を救い、長所を伸ばす指導をされた社長、トレーナーの方々などの周囲の協力が大きな力であったことはいうまでもありません。

　同時に廣林氏自身が、不安を抱えながらも「運動は無理だ！」という限界を取り除き、高い目標を設定して、それを行動に移したことも、非常に重要なポイントでしょう。「日本人としてトップレベルになりたい！」という意思表示は、当時としては背伸び的であったかもしれないし、一歩間違えばビッグマウス、いわゆる大言壮語にもなり得ます。しかし、膝の痛みと闘いながら不屈の精神力で、2005 年度、アマチュア日本ランキング 1 位、その後、日本史上、初の女子プロラケットボール選手として活躍されました。日本人初のプロラケットボール選手として、アジア人としては最高位の世界ランク 19 位にという好成績を残しました。その活躍には、周囲の協力と感謝の気持ち、それに加えて、決してあきらめることなく高い目標を保ち続け、目標実現のために精進したことが大きな要因であったと推察します。

目標設定でモチベーションを高める

スポーツトレーナーの立場から

　スポーツトレーナーとして、多くの怪我に悩むアスリートをサポートしてきた佐々木洋平氏は、「特に心掛けていることは、選手のモチベーション（意欲の源になる動機）です。当り前なのかもしれませんが、やはりこのモチベーション次第でスポーツへ復帰する時期や回復具合も変わってくると思います。怪我の度合いにもよりますが、高いモチベーションを維持できるようにリハビリを行うようにしています。

　そのためにまず目標設定を行います。最終的な復帰の目標はもちろんですが、それだけでは目標が遠すぎてモチベーションが維持できない場合もあるので、その間の小さな目標を決めます。例えば１週間後にはジョギングができるようになって、３週間後にはダッシュができるようになるなど…

　選手としても先の見えないリハビリほど辛くて不安なものはないかと思うので、そういった目標設定は必ず行うようにしています。」と、目標設定の重要性について話しました。

第 2 章　やる気を高めるトレーニング

　怪我をしたときに、自分はまずはどういう状態か、治療にどのくらい時間がかかるのか、練習にはいつ頃復帰できるのか、後遺症が残る可能性があるのかを医師に確認することが大切です。そして、怪我の状態から、どのように時間を使っていくのかを考えていくべきです。そのために大切なのは、回復に向かう目標を持つことです。怪我をしたことで目標を失ってしまうと、いたずらに時間が過ぎていくだけでなく、回復に時間がかかり、アスリートとしての能力が低下しかねません。

　また目標の意識には、内発的モチベーションと外発的モチベーションがあります。内発的モチベーションは、自分の心の底から湧きあがる、「絶対に勝ちたい！」「絶対に叶えたい！」「絶対にやりたい！」などの感情に基づくモチベーションです。これに対し外発的モチベーションは、外から与えられる目標意識、例えば「これに勝てば、美味しい物がもらえる」「このメニューをこなせば、小遣いがもらえる」といったことにより生じるモチベーションです。人として前向きに、強く行動でき、向上心をもつ人の多くは内発的モチベーションが強いといえます。内発的モチベーションは、「夢」を叶えたいという感情と置き換えられると思います。自分の中から湧き上がるモチベーションを持ち、保ち、それを叶えるような目標設定を考えましょう。夢や目標を明確に持つと、人間としてとても強くなります。

プロ野球審判

　少年の頃から「メジャーリーグでのプレー」を夢見て、プロ野球パシフィックリーグ審判から、現在、米国 MLB 傘下 AAA 審判員、サムライ審判こと平林岳氏。年齢的にも大リーグ挑戦が最後の年になるかもしれないといわれた 44 歳のシーズンの夏、頚部痛、背部痛、右手のしびれ、痛みなどが出現し、審判人生 17 年で初めて、試合を欠場せざるを得なくなりました。診断結果は、首の障害である頚椎椎間板ヘルニア。ファールチップの直撃による首への負担の積み重ねにより生じたと考えられます。

　平林氏は、自身の怪我の経験、それから多数の怪我をしたスポーツ選手を

31

見てきた経験から、多少の痛みを押して、プレーすべきと考えていました。しかし、このときはジャッジ一つをする際にも支障をきたすほどの痛みであったため、もうこれ以上、プロ野球の審判ができなくなるかもしれないと、一時は覚悟したそうです。

しかし少年の頃からの夢は、平林氏にとって長年にわたって抱いてきた、現実の目標です。多くのものを犠牲にしてまでも達成したいという、非常に強い内発的モチベーションです。そう簡単には捨てられません。様々な葛藤と闘いながらも平林氏は、「体調がしっかりしていないと、精神力を維持できない。精神力が維持できないと、良いパフォーマンスが生まれない」「ここは、割り切って治す！　そして、来シーズンは、もっと良いパフォーマンスをしよう！　しっかり休んで、もっと良い状態で、メジャーリーグにチャレンジ！」と、気持ちを前向きに保ち、再びメジャーリーグへの挑戦のシーズンを迎えることになりました。

日本プロ野球、パシフィックリーグの審判という、安定した環境を離れてまでも夢を叶えたい！　との強い想いから、アメリカの審判学校に入学、成績上位で卒業し、その後、トライアウトを受け、ルーキーリーグからメジャーリーグへの挑戦がスタートしました。薄給で過酷な労働環境のアメリカ・マイナーリーグと契約し、一歩一歩、確実に昇格しメジャーリーグ審判になるまであと一歩という所まで来ました。ところが年齢的にも残された、限られたチャンスのシーズン中に、痛みのため充分なパフォーマンスができない！　まさに崖っぷちに立たされた状況でした。通常、不安や焦り、絶望、あきらめなど生じてもおかしくありません。しかし、いかなる逆境でもプラス思考で、心身ともに整えて再挑戦できるのは、夢や目標が明確で、これが強い内発的モチベーションに由来するからでしょう。

実際の目標設定

目標設定をすることによって、未来を考えるイメージ、良くなる自分をイメージする前向きな思考が働き、やる気が高まります。

夢や目標は大きいほど効果があるといわれていますが、まずは、簡単な低い目標から設定していくことが大切です。1ヵ月後や3ヵ月後、数ヵ月後、数年後の自分の目標を設定してみて下さい。そして、その目標を達成するため、今何をすべきか、日々のプランを考えることが重要です。また、目標をイメージすることも大切です。自己を高めるための目標設定をすることはプラス思考です。

　具体的には以下の表を参考に、怪我の状況や治療経過をふまえて、結果目標、それから結果目標をどのように達成させるのかを考えるプロセス目標をたててみてください。さらに週間スケジュールや月間スケジュールをたてるのも有用な方法です。

	結果目標	プロセス目標
夢のような目標		
最低限の目標		
10年後の目標		
5年後の目標		
3年後の目標		
2年後の目標		
1年後の目標		
半年後の目標		
1ヵ月後の目標		
今週の目標		
今日の目標		

サッカー

　サッカー選手、元浦和レッズレディース、元JEF市原レディース、元ユニバーシアードサッカー女子日本代表の西口柄早氏。

女子サッカーの西口柄早氏

　サッカーの練習で転倒した後から、頭頚部痛、右手のしびれ、めまい、全身倦怠が出現し、持続しました。この体調不良は強固で、サッカーどころか日常生活に支障をきたすほどでした。数ヶ所の病院で検査を受けましたが、体調不良の原因が不明でした。あるチームドクターからは「本当に痛いの？」などといわれ、自分は心の病でないかと感じることもあり、頭頚部痛などの体調不良を克服したくても、克服できない状態でした。そして発症して6ヵ月が経ち、ようやく体調不良の原因が脳脊髄液減少症（注）と診断され、ブラッドパッチ治療を受けました。

　体調不良の原因がわかってからは、気持ちを前向きに保つことができました。一番、重要と感じたことは、しっかりとした目標設定です。西口氏は、チームへの復帰を最低限の目標として設定し、それに向かって、リハビリやトレーニングに励みました。不安はありましたが、それ以上に目標を達成したいという強い想いがありました。リハビリが始まれば、迷いも消え、やるしかない！　という気持ちになったそうです。

　また目標設定には、前記のような目標設定表が非常に役に立ったそうです。怪我をする以前から、目標設定の重要性を感じていましたが、怪我をして、目標設定が重要であるとの認識を新たにしました。「開幕にスタメンで出場する」という、当時の目標に対し、プロセス目標を立て、実践しました。そして、治療をした翌年に、「開幕にスタメンで出場する」という目標を達成しました。

　次頁は、実際に西口氏が使用した目標設定表です。

第2章　やる気を高めるトレーニング

	結果目標	プロセス目標
夢のような目標	オリンピック出場	
最低限の目標	なでしこ開幕戦スタメン	
10年後の目標		
5年後の目標		
3年後の目標		
2年後の目標	なでしこ開幕戦スタメン	
1年後の目標	チーム練習に参加	チーム練習に参加
半年後の目標	30分　ジョギング	
1ヵ月後の目標	10分　ジョギング	体調によりできることをやる
今週の目標	5分　ジョギング	無理をしないようにする
今日の目標	5分　ウォーキング	

　西口氏は、ブラッドパッチ治療後も、体調によって、メニューができたり、できなかったりする日々が続きました。調子が悪く、メニューができなくても自己嫌悪に陥らないよう、あえて細かな目標は設定せず、大雑把な目標設定表を作成し、焦りを抑えて、気持ちを前向きに保つことができたそうです。
　通常、毎日のように練習してきたことなど経験のあることに対しては、細かな部分までイメージができて、目標を設定することが可能です。しかし、特に大きな怪我の場合は、この後、どのように経過していくのかイメージできないことが少なくありません。そのような場合、細かく結果やプロセスに対する目標を設定するより、西口氏のように、大雑把に目標を設定すると、怪我の回復具合によって、より臨機応変に対応ができます。そして、怪我の回復の過程で、今後のトレーニングの目処が立てやすくなったときには、少しずつ、より細やかに目標設定をしていくと良いでしょう。

　また西口氏は、

「ある程度のメニューができた日には「ここまでできた！」と、自信を持つように心がけて、一日一日を、自分の体調と相談しながら、少しずつできることを増やしていきました。歩くこともできないときは、サッカーなんて、できるようになるのか？　と思う日もありましたが、そんなときは、今日できたことに注目して、たった５分のウォーキングができなくても、寝込んでいたときに比べれば進歩していると、些細なことでもできたこととして、前向きに考えるようにしていました。捻挫や骨折と異なり、一定の期間がくれば、良くなっていくという確約されているものではないので、しっかりと自分の体調と向き合い、把握することが大切と思います。他人とは比較せず、しっかりと自分の目標に、自分のペースで向かうことが怪我を回復させる近道なのかな！　と感じています。」
　と、語ってくれました。脳脊髄液減少症は、骨折などの怪我と異なり、どのように回復していくかなど不確定な部分が多いのが特徴です。だからこそ、西口氏のように、少しでも良くなっている点や、できるようになっている点に注目し、自分の体調と向き合い、自分の目標に、自分のペースで！　といった地道な努力が大切でしょう。
　さらに西口氏は、膝の靭帯を数回断裂しても、その都度、復帰してきたチームメートなど、大きな怪我から復帰した方々を見てきました。自分が脳脊髄液減少症を患う以前は、怪我を克服した方々に対し、「あんな大怪我をしたのに、なぜこんなことができるのだろう？」という感覚だったそうです。実際に脳脊髄液減少症を患った後でも、大怪我をされた方に比べれば、私の怪我なんて大したことはない！　と、気持ちをさらに前向きに保ちました。
　また、自分自身が怪我をしてみて、治したいという強い気持ちが湧き上がり、過去に怪我を克服したチームメートが発した「怪我をしてみれば、治したい気持ちがわかると思うよ！」という言葉の意味、重さが理解できたそうです。
　治療と並行して、目標を設定して、それを実践すべく練習に励まれた結果が、原因不明、もしくは精神的といわれた体調不良を克服し、再び、なでし

第2章 やる気を高めるトレーニング

こリーグのピッチに立てた大きな力と思います。

　水前寺清子さんの「三百六十五歩のマーチ」の一節に、
「幸せは歩いてこない　だから歩いて行くんだよ」
があります。
　幸せは自分でつかむものです。先が見えずとも、日々できることを少しずつでも行い、一歩一歩、前進していくことを考えましょう。

　そして嵐の唄「Hapiness」のように、
「走り出せ　走り出せ　明日を迎えに行こう
　どんなに小さなつぼみでも　一つだけのHapiness」
のごとく、行動にうつして、幸せをつかみましょう！

（注）脳脊髄液減少症：髄液が減少することにより、頭痛、頚部痛、倦怠感など様々な症状を訴える疾患です。外傷が原因で生じる外傷性と、原因不明の特発性の場合があります。スポーツ外傷で生じることもあります。脳脊髄液減少症に対して、ブラッドパッチという脊髄を包む硬膜という膜の外側に自分の血液を注入し、髄液の漏れを止める治療があります。

第3章

プラス思考を育むトレーニング
セルフトーク

1. セルフトーク

　セルフトークとは、自分自身と会話をすることであり、自分で自分に自己暗示をかけていく方法です。例えば「怪我を治して優勝するぞ！」「下半身を徹底的に鍛えるぞ！」などと、独り言のように自分に語りかけ、不安、恐怖、焦りなどを取り除きます。
　頭の中で前向きなことを考え、それを口に出し、自分と会話します。
　例えば鏡の前で、まずは簡単な挨拶から
　「おはよう」
　「こんにちは」など。
　続いて、鏡の前の自分とプラス思考で会話をします。
　「調子はどうだい？」「絶好調だぜ！」など。
　「今日の自分は最高さ！」「頑張ってリハビリするぞ！」
　体調が悪いときには

セルフトーク

「まだまだ！」「こんな怪我、大したことない！」「負けるものか！」など。自分の希望することを何度もいうことも大切です。

「私にはできる！」「あいつに勝つぞ！」「柔軟性を高めるぞ！」「チャンピオンになるぞ！」

さらに自分の望む光景をイメージしながら

「凄い！」「やったぜ！」「ナイスショット！」など、生活の中でプラス方向の言葉を使います。このセルフトークは、習慣化することで効果がでます。習慣化により、意識的でなく無意識に行動できるようになります。このセルフトークの習慣化はプラス思考を作り出す大きな要素です。

また、セルフトークの声を大きくして、人に目標を宣言することにより、自分の目的意識を高め、折れそうな心を支えるという方法もあります。

プロボクサー

元プロボクサー、（日本ライト級1位、東洋ライト級5位、全日本スーパ

第3章 プラス思考を育むトレーニング

ーフェザー級新人王）リッキー☆ツカモト氏。

　日本ランカー入りし、さらに上位を狙うための大切な試合が行われる2週間前に右肩を脱臼しました。すぐに脱臼の整復をしましたが、軽く走るだけで右肩に激痛が走る状態でした。

　「無理かな？」と、弱気なことを少しでも考えると一気に落ち込み、だめになりそうで、周囲から少しでも、「試合を欠場したら？」といった声がかかったら、すぐにでも止めて遠くに逃げ出したいという、かなりぎりぎりの精神状態だったそうです。しかし、この試合にかけていたリッキー氏、自分を鼓舞するため、「できる！　勝つ！」という気持ちを強く保ち続けました。同時に、周囲に勝利宣言をしたそうです。周囲への宣言により、自分にさらにプレッシャーをかけ、気持ちを高めました。そして弱気な心を全く消し去ったそうです。

　またボクサーとして重要な問題に減量があります。特に試合前の2週間はトレーニングで体を絞らなくてはならず、試合前の練習を控えめにして本番に備えるということは不可能です。リッキー氏は右肩に負担のかからない運動を工夫してこなし、周囲の声援を力に変え、何とか減量にも成功して試合に臨みました。

　試合ではストレートや上から打ち下ろすパンチは、肩に激痛が走るうえに、脱臼再発の不安がよぎるため使えず、左の多彩なパンチと右アッパーを中心

リッキー☆ツカモト氏

にした試合を展開しました。強い精神力も加わり、この試合を6ラウンドKO勝利で飾りました。

このように、弱気を全く打ち消すようなプラス思考を保つのに、セルフトークを一歩進めた、「周囲への宣言」が大きな役割を示すことがあるのです。

2. 姿勢

落ち込んでいる状態は、よく、肩を落とし、うつむき気味になります。また足や腰などを痛めた場合、傷んだ部位をかばうため、姿勢が悪くなりがちです。一方で、楽しい、生き生きした状態のときは、胸を張り、顔には笑みがこぼれ、顔は真直ぐ正面を見ています。意識的に胸を張って、少し上に視線を向けるなど、姿勢を正すことにより、気分を前向きに持っていくことが重要です。

可能であれば、辛い表情でなく、自信を持った表情ができると気持ちが高まります。

では、上を向いて空を見上げてください！　どうですか？
次にうつむいて下を見てください。どちらが気分が良いでしょうか？

胸を張って自信のある表情で、「こんにちは！」と挨拶してください。
次に、肩を落として、自信のない表情で、「こんにちは！」と挨拶してください。どちらが、気持ちが高ぶるでしょうか？

さらに下を向いて、肩を落として、嫌なこと、悔しかったこと、悲しかったことを思い出し、泣く真似をしてみて下さい。
次に上を向いて、胸を張って、嫌なこと、悔しかったこと、悲しかったことを思い出し、泣く真似をしてみて下さい。
どちらが、より泣ける感じがしますか？
それから、上を向いて、胸を張って、楽しかったこと、嬉しかったこと、

わくわくすることを思い出し、笑ってみて下さい。
　次に下を向いて、肩を落として、楽しかったこと、嬉しかったこと、わくわくすることを思い出し、笑ってみて下さい。
　どちらが、心の底から笑える感じがしますか？

　上を向いて、胸を張って、自信のある表情をしている方が、気持ちが高まり、挨拶の声が大きくなり、笑いやすいと思います。一方、下を向いて、肩を落として、自信のない表情をしている方が、気分が落ち込みやすいと思います。

　また目つきも大切です。
　では強気な目をしてください！
　楽しい気持ちの目をしてください！
　自信あふれる目をしてください！　気分はいかがでしょうか？
　次に弱気な目をしてください。
　悲しげな目をしてください。
　自信のない目をしてください。どちらが、気分がのるでしょうか？
　強気で、楽しく、自信のある目つきの方が、気持ちが前向きになると思います。
　さらに笑顔やガッツポーズ、ハイタッチなどが加わると、より気持ちが前向きになります。なお、ガッツポーズやハイタッチは、胸の前で小さくするのでなく、なるべく高い位置で行うことで、視線が上向きになり、胸が張って、良い姿勢になりやすいです。
　このように、表情、目つきをはじめ、姿勢を心掛けて習慣化することにより、頭の中もプラス思考に傾くことが多くなります。この、姿勢により気持ちをコントロールする方法はアティチュード・トレーニングといい、メンタルトレーニングにおける重要なスキルの一つです。

3. できることとできないことを明確にする

　究極のプラス思考の方法は、自分のコントロールできないこと（不可能なこと）は、考えるだけ無駄だと理解することです。

　例えば、利き手を骨折したときに、利き手を使ったベストのプレーは不可能です。そんなときに、「あのとき、こう行動しておけば良かった…」「明日、試合だけれど、何とか出場できる方法ないかな…」「こんな状態では練習できない。明日、体育館が火事にならないかな…」などの非現実的なことを考えてばかりいては、時間が有効に使えないだけでなく、マイナス思考に陥ります。

　むしろ利き手を骨折したことを認識して、現状で何ができるのかを考えるのが重要です。例えば、「利き手に負担のない練習法を考えよう！」「この間の試合や一流選手のプレーのビデオを見よう！」など、現実的に実行可能なことを考え、実践すべきです。

柔道

　柔道ソウルオリンピック代表、バルセロナオリンピック銅メダリスト、世界柔道選手権２連覇という輝かしい実績を残され、現在、筑波大学柔道部総監督、「つくばユナイテッド柔道」代表の岡田弘隆氏は、柔道という競技の特性上、数えきれないほどの怪我の経験をされてきました。その中で、ソウルオリンピック前の状況、（１）オリンピック選考前の怪我、（２）代表に選考され、オリンピック前での怪我について経験を語りました。

　岡田氏は（１）は成功例、（２）は失敗例と考えています。

（１）オリンピック選考前の怪我

　私は、ソウルオリンピックの前年、大学３年時にエッセン世界柔道選手権大会で優勝しました。それにより、ソウルオリンピックの代表に近づき、オリンピックでの金メダルを目標に日々の稽古に励んでおりました。元来、負

けず嫌いであった私は、稽古中であっても相手に対して試合時と同じような気持ちで、妥協のない稽古を心掛けておりました。ある日の稽古で、相手ともつれた際に投げられまいとして手をついた際、手首（舟状骨）を骨折してしまいました。オリンピックの一次選考会まで2ヶ月、最終選考会まで4ヶ月という時期でした。2ヶ月はギブスで固定、完治までには3ヶ月以上かかるといわれ、目の前が真っ暗になりました。

柔道の岡田弘隆氏

　しかし、すぐに気持ちを切り替え、一次選考会は無理でも最終選考会には何とか間に合うと思い、そのときできること、すべきことに全力で取り組みました。特に、かなり走り込みをやりました。とにかく、何が何でも最終選考会には間に合わせるんだという強い気持ちを持ってトレーニングとリハビリに励み、何とか最終選考会に勝って代表の座を獲得することができました。このときは、焦らず、怪我を完治させること、怪我をしていない部分の強化に主眼をおいたのが良かったと思います。

(2) 代表に選考され、オリンピック前での怪我
　やっとの思いで代表となり、いよいよオリンピックに向けての合宿が始まりました。当時の合宿は暑い時期にわざわざ暑い場所を選んで行うという、今では考えられないようなものでした。その内容も、ひたすら追い込むというもので非科学的なものばかりでした。私の体はそれについていくことができず、足首の捻挫、食中毒などアクシデントの連続でした。特に、足首の捻挫に対する判断ミスは、オリンピックでの敗戦に直結したと思います。本番まで2ヶ月以上あったので、焦ることなく、しっかり治療に専念するくらいの余裕が私にあれば違う結果になっていた可能性があります。

しかし、当時は、休んでいれば補欠と交代させられるという不安があり、休む勇気がありませんでした。まだ、まともに歩くことすらできない状況のうちから、テーピングで固定して稽古に復帰してしまったのです。当然、かばいながらの稽古ですから、全力を出し切ることはできませんし、ほとんど技もかけられませんでした。練習を続けながらであったため、怪我の治りも悪く、結局、本番までそれを引きずることになってしまいました。本番では、その怪我による直接的な影響はありませんでしたが、怪我のため、自分自身で普段の追い込んだ稽古ができなかったというマイナスイメージを強く抱いたまま試合をすることになったのです。試合前から心身ともに疲れており、結果は惨敗でした。このときに、怪我が完治するまでリハビリに専念していたら、怪我が治ったばかりでなく、疲労もとれて良いコンディションで大会に臨めたかもしれません。

（1）の状況では、手首の骨折という怪我を負ったことを認識され、気持ちを切り替え、現在の与えられた状況で、できることと、できないことを明確にし、骨折の回復を待ちつつ、他の部分の強化に徹したことがオリンピック代表をつかむ大きな要因であったと思います。
　（2）のオリンピック前での受傷。4年に一度の、世界中が注目する大会という晴れ舞台、焦る気持ちが余裕をなくして、充分な練習ができずに、ソウルオリンピックでは、満足な結果を残せませんでした。しかし、この怪我の経験が、その後のバルセロナ世界選手権優勝、バルセロナオリンピック3位などの好成績につながったと推察します。

また岡田氏は1994年、全日本選抜体重別選手権86kg級で、中村佳央選手と対戦した際、中村選手に腕ひしぎ十字固めを極められました。勝負ありと思われましたが、岡田氏は決して「参った」の合図をせず、耐え抜き、ついに主審が「待て」を宣告した試合がありました。結果は優勢負けでしたが、強靭な精神力の持ち主であると日本中に印象つけた試合でした。その試合と、

第3章　プラス思考を育むトレーニング

その後の柔道人生について、

「あのときは、私は2度の世界チャンピオン、2度のオリンピックを経験した後で、しかも前年には4歳年下の中村選手に敗れ代表の座を奪われ、その中村選手が世界チャンピオンとなり、次のオリンピックを目指す上でもう後のない状況でした。ここで『参った』をしたらその先はないと判断し、あのような結果となったのです。試合中はなんとか我慢できましたが、試合後は、それまでに経験したどんな怪我よりも痛かったです。

肘の脱臼、剥離骨折、靭帯断裂で、手の神経（尺骨神経）の一部も痛めていて、最初の1ヶ月くらいは小指と薬指の外側半分は全く感覚がありませんでした。治療を続けるうちに、だんだん感覚は戻ってきたのですが、今度は、長時間正座をした後に足がしびれたような感覚がしばらく続きました。試合復帰には半年くらいはかかるといわれましたが、完治したわけではありませんが予定より2ヶ月ほど早く競技に復帰できました。このときも、必ず治ると信じてリハビリに励みました。そして、何より、この怪我のために現役を退かなければならないようなことは絶対に避けたいという強い気持ちが私にはありました。その後、日本代表として世界選手権、オリンピックに出場することはありませんでしたが、最後の国際大会となったドイツ国際大会で優勝することができました。そのときは、大きな怪我を克服したという満足感がありました。」

と、述べました。固め技で骨折などの怪我をしても耐えた強靭な精神力、また、それを克服し満足感を得られたことの一つに、「必ず治ると信じてリハビリに励んだ」ことがあると思います。完治せずとも、状態が安定した段階で復帰することも、場合によっては大切です。

4. スポーツ選手として視野を広げるチャンスであることを認識する

怪我をしたときこそ、視野を広げるチャンスです。今までと違った視線で、プレーや練習について考えることができます。例えば肉体的な練習に当てていた時間を、じっくりと過去の自分のプレーのビデオを見る、一流選手のプ

レーを見る、一流選手の自叙伝を読むなどで、新たに活躍するヒントが得られるかもしれません。

また怪我を克服することで精神的に強くなり、アスリートとして、より活躍するといったことが実は多いのです。

サッカー

サッカー指導者、元栃木SC選手の吉田貴郁氏は、栃木SCに入団した2年目のシーズンでの練習中、左膝を負傷しました。診断は左半月板損傷、そして受傷3ヵ月後に手術を受けました。もっと早く手術を受ければ良かったという後悔に似た感情に加え、手術後の痛みが長引き、歩くことも充分にできず、復帰できるのかという不安、焦りで精神的に非常に不安定になりました。しかし、大好きなサッカーのことを想い続ければ、痛みは軽くなる！　と考え、同時に、このままでは終われないとの気持ちを強く持ち、精神状態を前向きに保ったそうです。

サッカー指導者の吉田貴郁氏

吉田氏は練習ができないとき、怪我をして初めてわかったことがたくさんあり、サッカー選手としての視野が広がったそうです。まず、受傷前は、上達するために、ただ、がむしゃらに練習すればと良いと考えていました。その結果が左膝の負傷につながったのではないかと、吉田氏は自己を振り返ります。その反省から、練習以外でサッカーの技術を向上させる方法を模索しました。一つは体のケアを充分にする必要性を考えることです。怪我をする以前に軽視していたストレッチやアップの重要性を認識し、さらに通常の練習でも怪我をしていない部分を含めて、体のケアを意識したトレーニングをするようになりました。

第3章　プラス思考を育むトレーニング

　もう一つは練習ができず、サッカーを外から眺めるしかない状況で、以前とは比較にならないほど、練習や試合での細かいプレーはもちろん、周囲の状況に目を向け、良いイメージを蓄積していきました。また監督やコーチ、チームメートが発するアドバイス、意見を一言でも聞き逃すまいと周囲の声に耳を傾け、サッカー理論や考え方を磨きました。そういった身体を鍛える以外の地道な努力が積み重なり、怪我をして明らかに理論面、精神面での視野が広がったそうです。そして、この怪我をして、練習が充分にできなかった経験が、現在のサッカー指導者として、大きく役立っていると述べました。

　吉田氏のように、以前には気付かなかったことを発見し、周囲へ目を向け、耳を傾けることで、選手としての視野を広げることができます。怪我をして練習ができなくても、選手として向上できる方法を考えていくことが重要です。

5. 思考の転換

　「怪我をしたら、落ち込まなくてはいけない！」という言葉は、どんな医学書、スポーツに関する著書の中でも、まず存在しないと思います。ですから怪我をしたことで落ち込む必要はありません。むしろ「怪我をしたときこそチャンス！」または「勝利への執念」に変えるなど思考を転換させることは大切です。

体操

　ロサンゼルスオリンピック体操個人総合金メダルなど、同大会で計5個のメダルを獲得するなど輝かしい業績を残されたモスクワオリンピック（ボイコットのため不参加）、ロサンゼルスオリンピック日本体操代表、現在日本体育大学、日本体育大学女子短期大学部教授の具志堅幸司氏は、大学時代の2度の怪我について、こう語りました。

　日本体育大学3年生のとき、鉄棒の練習で着地した際に、左足の骨折（腓骨骨折）、および靭帯を損傷、足の裏が上を向くほど変形し、医師が「体操

体操の具志堅幸司氏

はもう二度とできないかもしれないよ！」と見放すほどの大怪我をしました。当時、一日でも練習を休んだだけで、確実に下手になりそうな気がしていた具志堅氏にとって、3カ月の入院宣告はかなりショックで、同時に焦りました。しかし、当時、まだまだ世界レベルに達していなかった平行棒やつり輪など、主に上半身を使う種目の能力向上の機会と考え、入院中に上半身を徹底的に鍛えました。そして再起不能といわれた怪我から、周囲の励まし、および自分の力、自分の努力を信じて選手として復帰しました。その年の全日本選手権や翌年の海外遠征で、モスクワオリンピック出場に手の届くほどの好成績を修めました。

　その後も具志堅氏は実力を伸ばし、自然と練習にも力が入っていたある日の練習中、今度は右アキレス腱を切断してしまいました。具志堅氏はこの怪我で、「あれほどの怪我を克服し、オリンピックを目指してこれからという大切な時期でないか！　なぜオレばかりが、こんな目に遭わなくてはいけないのだ。もう体操をやめよう。こんな辛い目には二度と遭いたくない」と、体操をやりだして、初めてやめようと思うほどの失意に陥りました。そして前回の怪我のように上半身を鍛える気力も湧かず、ベッドに寝ているだけの日々が続きました。

　この状態から気持ちを切り替えられるようになった要因として、恩師や周囲の励まし、そして何よりも清風高校の先輩でモントリオールオリンピック代表の藤本俊氏の演技が大きな起爆剤になりました。藤本氏はオリンピック

の本番で、膝の重要な靭帯である内側靭帯、外側靭帯、十字靭帯、半月板すべて切断という、通常、歩くこともできない怪我をおして、片足を引きずりながら跳馬に挑んだ姿勢を思い出し「オレはアキレス腱一本切断しただけだ。藤本先輩に比べれば、かすり傷のようなものだ」と考え、退院後に猛練習に励むようになりました。

　また、2回の怪我を克服する際に、高校時代の恩師から授かり、具志堅氏を支えてきた著書『生きがいの創造』（出口日出麿著、講談社）のなかに出てきたことば、「理想を見つつ現実をはなれず、しかも一歩ずつ向上させねばならぬ。永遠を仰ぎつつ現在をはなれず、しかも現実を一歩ずつ向上させねばならぬ。あせってはいけない。油断をしてはいけない。突破！　突破！すべてに現状を突破して、一路向上すべし」の言葉が非常に心の支えになったそうです。そして、怪我で苦悩している状況から、体操を続ける勇気が湧きあがり、その後の活躍につながりました。

　具志堅氏は、この2回の怪我により、怪我をした場所以外を鍛え筋力をつけ、気持ちを切替え怪我を克服したことで、何事でも前向きに考えることの大切さを知り、何より精神力が格段に鍛えられました。その結果、ロサンゼルスオリンピック体操個人総合、種目別つり輪で金メダルを獲得するなど、多くの好成績を残しました。今では、励ましてくれた方々、支えられた書物『生きがいの創造』に出会えたことと同じくらい、怪我をしたことに対して感謝をしているそうです。

　医師が見放すほどの大怪我をすると、多くの方々は落ち込み、中には絶望を感じる場合も少なくないと思います。しかし、具志堅氏のように「足の骨折は、上半身を鍛える機会」と思考を転換させることは重要です。
　また、自分よりも苦しい、きつい状況を経験した方々に刺激を受け、考えを前向きに転換していくことも大切です。さらに、支えとなる書籍や言葉に勇気をもらえる場合もあります。すぐに思考を転換できるような簡単ではな

い怪我をすることもあるでしょうが、時間をかけてでも、様々なきっかけを元に気持ちをプラスに向けていくことが重要です。つまり、「せっかく怪我をしたのだから…」という発想も次への足がかりとなります。

　一方で、具志堅氏は「むかし怪我はスポーツ選手の勲章という時代がありました。しかし今は違います。怪我をしないように細心の注意を払いながらスポーツ活動に専念してほしいと思います」と、怪我の予防の重要性を指摘しました。

サッカー

　サッカー選手、元アビスパ福岡、現在ホンダロックサッカー部の釘崎康臣氏。過去に右膝、そして、次には左膝の靭帯（ともに前十字靭帯）を切断しました。釘崎氏は２回目の靭帯切断の経験を中心に、怪我したことをどのようにしてプラスに変えていったかを語りました。

　「２回目の左膝前十字靭帯断裂は、相手にプレッシャーをかけステップを踏んだときに、膝だけ捻りが生じました。前十字靭帯断裂は以前に一度、右足で経験しているため怪我の状態はすぐにわかりました。それでももっと軽い怪我と診断されたい！　と、祈る気持ちで診察を受けたのですが結果は以前と同じでした。『あぁまたか』と思いましたが、今後の不安はあまりありませんでした。

　手術後３、４ヶ月は、なかなか筋力が戻らないため、長期のリハビリで反復トレーニングが必要となります。そのため、先のことを考えず一日一日を乗り越えました。その間、焦って無理をすると半月板を痛めたりして、リハビリ期間が数ヶ月余計に伸びるので、プライベートではサッカーのことを考えないようにし、サッカー関係の人間ともなるべく関わることもせず、誰かと比べることもしないようにして、はやる気持ちを抑えました。励ましの声すら耳に入れませんでした。そして、この怪我の機会に今まで以上に体を鍛えられる時間があると考え、シーズン中には出来ないような筋力アップに努めました。

リハビリに関して、膝の靭帯損傷などは長期のリハビリ生活を要しますので、メンタルが一番重要になります。まずは焦らないこと！　先のことばかりを考えないこと！
　怪我をすると自分を見つめ直せる時間が沢山あるので、色んなことに挑戦し、それを自分の財産にできます。また、この怪我の経験により、復帰には長くかかるが必ず治るケガだし大丈夫だということを確信して、他人にもアドバイスが出来るようになりました。『俺は二回も切っているんだ！』と笑っていえば、みんな気持ちが楽になるし逆に二回切った人も、なかなかいないのでこれを自分の財産にして、これからまた復帰して見本となるプレーヤーになりたいと思います。」

　怪我で悩む時期、早く復帰しなくてはと焦る気持ちと同時に、自分が怪我をしている間の周囲の変化が気になりがちです。そういったはやる、焦る気持ちをコントロールするため、特にプライベートの時間はサッカーをシャットアウトし、むしろ怪我したことをシーズン中にはできないような体を鍛える機会と考え、それを実践しました。また、二回の膝の靭帯切断は大変つらい怪我であったと思いますが、怪我の経験を笑っていえる、さらに怪我の経験から、怪我に悩む選手へのアドバイスができるといった財産に変えていることも、素晴らしい「思考の転換」です。

6. 好きなこと、楽しいことに目を向ける

　怪我の痛み、回復への不安に対し、怪我以外のことに目を向けると、苦痛が軽減する場合があります。その際は、好きなことや楽しいことであれば、比較的簡単に目を向けやすくなり、気分が前向きになります。さらに、いかに楽しむかを考えることで前向きな時間を過ごせます。
　また辛い症状があるときや気持ちが落ち込むときには、痛さや辛さが倍増するといわれる一方で、楽しいことがあると痛さを忘れるといいます。気持ちを楽しい方向へ持っていきましょう。

スノーボード

　スノーボード選手の片岡弥生氏（RAVEN所属／トータルスノーボードスクールSTEP7受講生）は、2度の怪我を振り返り、こう語りました。

　「国際スキー連盟 FIS (Fédération Internationale de Ski) 主催の大会、ハーフパイプ競技やスノーボードクロス競技に出場し、今後、ワールドカップ出場など高いレベルを目指していた矢先、練習中の怪我で左膝の靱帯（前十字靱帯）を損傷しました。手術と1年間におよぶリハビリを要しました。リハビリ中は十分に体を動かせず、復帰できるのか…などの不安で、気持ちが折れそうになったことは数多くありました。そして完全にスノーボードを禁止され、長く先の見えない不安を強いられ、本当に、本当に苦しみました。

　しかし、一ヶ月程のショック状態が続いた後は、その倍ほどの『負けてたまるか！』という強い意志に変わりました。スノーボードのワールドカップやFIS主催の大会への出場という大きな目標を達成したい！　それより何より、スノーボードが大好きで、スノーボードを取られたくない！　という強い気持ちがありました。ところが、そういった強い思いが空回りしていたのです。

　その後、滑走の許可がおりて、練習に参加しましたが、当時を振り返ると、このときはすごく焦っており、怪我の回復も思わしくない状態でスイスに遠征に出かけました。とにかく質より量で、痛い膝をごまかしながら練習、練習でした。結果、シーズン終盤の大会中にちょっとした怪我をしました。

　そんなときに出会ったのがメンタルトレーニングで、同時に病院でのリハビリメニューの見直しなど、今までより密に理学療法士・トレーナーの方、ときには現場の

スノーボードの片岡弥生氏

第 3 章　プラス思考を育むトレーニング

コーチも含めて相談を重ねていくようになりました。

　特に現コーチでもある STEP7 の伏見知何子さんの存在が大きかったです。私の一度目の怪我の後に本格的に指導いただくことになりました。指導法が、怪我をした私には画期的な練習法であり、その他にも、彼女の言動・行動全てにおいて影響される部分が多くありました。
　彼女はメンタルトレーニングを受けたことがないにもかかわらず、私が学んでいたメンタルトレーニングの殆んどを当たり前のようにやっており、そこにスキルアップの大きな要素があると思いました。現実を受け入れることも、自分を客観視することも、適切な目標設定も、メンタルトレーニングと彼女のおかげで知ることができました。結果、気持ちは良い方向に前向きになり、目標に向かってまっすぐにそして何より楽しく、練習することができました。
　しかし完全復帰に向けて順調に回復していった矢先に、今度は右膝の前十字靭帯を損傷し、手術と 1 年間のリハビリテーションを要しました。このときは、怪我を理由に一線を退きたくない！　と強く感じました。4 年前の怪我とは異なり、メンタルトレーニングの成果もあり、現実の受け入れ、目標設定、目標に対するイメージトレーニングなどを行いつつ、リハビリテーションを行いました。
　そんな訳で 2 度目の受傷の際は 1 度目より気持ちは前向きでした。なにせ、怪我の後には何が待っていて復帰するのにどれくらいかかるという道のりが見えていたわけですから。そして、あとは新たな目標に向かって突き進むだけでした。
　あの 1 度目の怪我の後の苦しみ、あがいて消化不良のような経験が嘘のように 2 度目の怪我後のシーズンは自身の力を発揮できました。その結果、JSBA 関東大会（シニアメン）2 位を含め、出場した大会において全て入賞という結果を残しました。
　今回、私が怪我によって経験したことは、これからの人生においてもとて

も貴重な財産になったと思います。今おかれている状況を知り、怪我について調べ、多くの人の意見を聞くことにより、絶望ではなく未来を見て前に進むことができました。そして健康な体の大切さを知り、より適切な筋肉の使い方を考えるようになりました。同時に時間の大切さに気付いたことにより、時間や量ではなくより質の良い練習をするよう、心掛けるようになりました。そしてたくさんの友達に怒られ励まされ、今まで以上の絆を築くことができました。

また生活が不自由になったことで支えてくれた家族の温かさを痛感し、同じ目標に向かって一生懸命悩み考えてくれた病院の関係者やコーチには尊敬と信頼感が芽生え、私を支えてくれた全ての人に感謝する気持ちを常に持ち続けることができました。

何よりも大好きだったスポーツ、いつでもできると思っていたスノーボードができなくなった喪失感を経験することにより、やっぱり私はスノーボードが大好きだったのだということを改めて実感しました。

怪我をしたことで、スノーボードができなくなってしまうこともあります。目標の大小は関係ないと思います。今なお同じ情熱を持って、自分なりの目標を持って、そして楽しくスノーボードを続けられていること、それは私にとって怪我という壁をうまく乗り越えられたご褒美だと思っています。」

片岡氏によると、大会成績として残った結果は当初の目標とは程遠いものでしたが、二度の怪我という大きな壁を乗り超えた過程は、その後の人生にとって貴重な経験になったそうです。そして現在は結婚して、新たなライフスタイルで今もなお、現役として大会に出場し続けています。

焦り、不安、弱気に対し、メンタルトレーニングを勉強・実践することで、徐々に自身をコントロールできるようになり、さらに自分に合ったコーチの存在、そしてサポートしてもらった方々への感謝の気持ちが、大きかったと思います、そして何よりもスノーボードが大好きだという強い気持ち、「好き」という感情の原点が、片岡氏を二度の大怪我から克服させた大きな原動力で

しょう！

7. 辛い症状を苦しむより、良くなった症状を探す

　痛い、動かない、しびれる、ふらつく、めまいがする……非常に辛い症状です。

　人間は痛い所に目がいく動物ですから、辛い症状に苦しむのは当然のことでしょう。しかしその中で、少しでも良くなっている症状はないのか、それを探すことが大切です。辛いという思いから考えを変換し、物事を前向きに考えることは回復へ向かう一つの手段だと思います。そして、良くなっている症状があれば、それを喜びましょう。声に出して喜んでもいいと思います。

　メンタルトレーニングにおいて、練習日誌をつけることは、重要な方法です。日誌をつけることで、現在の状況をふまえて、怪我がどの程度回復したか、目標をどのように達成できているかを認識することができます。そして今後の目標設定につながり、気持ちを前向きにできます。ある方は、良くなったこと、できるようになったことを「できたことノート」と名づけて、日誌としてつけています。良くなったことを中心に日誌をつけることは、できるようになったこと、良くなった症状などを、自ら客観的に判断できるので、気持ちを前向きにする有用な方法の一つです。

　それから自分の状態を判断するときや日誌を記すときには、
「アキレス腱を切断してから、ようやく足をついても不安がなくなった。松葉杖を一本に減らせた。しかし、ずいぶんと足が細くなってしまった。これからリハビリで、少しずつ筋力をつけていこう！」
「肩の可動域は確実に広がっている！　１週間前と比べると、格段の進歩だ！　しかし、まだ肩の痛みが残っている。」
　と、良くなった点は何か？　と、最初に良くなっている症状に目を向け、次に、まだ残っている症状を考えるのが良いと思います。

　それから怪我をした当初に、自覚している症状を書き出しておき、時間が

日誌を書く

経ってから見直したときに
　「この症状は無くなっている！」
　「この症状は軽減している！」
など、意外と良くなっている症状を見つけることができます。特に脳脊髄液減少症の方々は多くの症状を伴うことが多いので、日誌をつけることを試してみてはいかがでしょうか。

ボクシング

　プロボクサー。第35代日本スーパーバンタム級チャンピオン、WBA, WBC スーパーバンタム級ランカーの芹江匡晋氏。日本スーパーバンタム級タイトル、3度目の防衛戦に向け、調整を続けていた本番の6日前、スパーリング中にパートナーと接触し、転倒した際に左膝を痛めました。そのときは、痛みはほとんど感じませんでしたが、やがて左足に力が入らず、立つことができなくなりました。

第3章　プラス思考を育むトレーニング

　すぐに病院へ行くと、左膝の靱帯損傷（内側側副靱帯不全断裂）の診断で、医師からは6日後の試合は無理と宣告されました。芹江氏はショックで一瞬、全身から血が引き、倒れそうになったそうです。しかし今まで、この防衛戦にかけてきた想い、それからサポートしてくれた伴流ジムのスタッフ、何よりサポーターの方々を裏切りたくないとの強い、強い気持ちから、1%でもリングに立てる可能性があるのであれば、出場したいと医師に強く、強く訴えました。

プロボクサーの芹江匡晋氏

　医師からは、「この状態でリングに上がれば、今より怪我の状態が悪化して、一生、ボクシングができなくなるかもしれない」と告げられました。また、周囲からも、この試合で悪化することを危惧する意見が聞こえてきたそうです。しかし、どうしても周囲の期待を裏切りたくないとの強い想いから、ベルトを守れるかどうかよりも、何としても3度目の防衛戦のリングに立ちたいと渇望しました。
　そして医師やトレーナーと協力し、左膝をテーピングで固定して怪我をカバーしながら、奇跡の回復を期待して試合に臨むという賭けにでました。
　それから、本番まで左膝をいかにかばいながら、減量するか！　という怒涛の6日間がはじまりました。左膝をぐるぐるにテーピングして、練習をしてみるものの、左足で踏み込んだ途端に膝の関節がはずれる。違った方法でテーピングをして、ミットを叩くと、また膝がはずれる。このようにテーピングを工夫して、練習しては、膝がはずれるといった日々が延々と続きまし

た。

　また毎朝、起床時に足がどれだけ動くか、改善を期待しては裏切られる、といった日々が続き、精神的にもかなり追い詰められました。通常こうした状態が続けば、試合出場をあきらめてもおかしくない状況でしたが、芹江氏は、少しでも良くなっている症状を探すようにしたそうです。わずかでも良くなっている症状があったり、少しでも膝が動くようになったりしていると、「大分良くなった！」と自分に言い聞かせて、喜びを感じるようにして、自身を奮い立たせました。

　また同時に、「落ち込んでいる暇はない！」「今の状態でのベストを尽くすべき！」「好きなボクシングをしていれば、いろいろなことがある。つらいことも一つの楽しみ」「良いイメージを残して減量だ！」などと、気持ちを前向きに、強く保ちました。そして怪我の回復は思わしくないものの、試合が近づくにつれて、ベルトを守りたい！　という意識が、日々、強くなってきました。

　しかし、左膝には大きな回復が見られず、完璧なテーピング法にたどり着かないうちに本番を迎えました。まさにこの試合は、確実に精神力で、すべてを超える、支える、戦う一戦となりました。

　試合当日は、試行錯誤を繰り返したテーピング法にさらに改良を加えて左膝を固め、「これで膝がはずれたらしょうがない！」と、割り切ることで不安を消し去り、試合に臨みました。

　そしてゴングが鳴り、打ち合いが始まりました。1ラウンドは無心のうちに、3分が経過しました。しかし、1ラウンドが終了した段階ですでに、膝の状態が芳しくなく、足が悲鳴を上げたそうです。そして2ラウンド以降は、思い通りに足が踏み込めず、的確なパンチが繰り出せません。さらに挑戦者のパンチをかわすどころか、逆に浴びてしまい、何度も倒れそうになりました。ダウンするというのは、こういうことか！　と初めて感じるほどのダメージを受けたそうです。

　また試合前に芹江氏は、奥様から、「せっかくリングに上がれるのだから、

無理せず、怪我を悪化させないでね！」という、愛情のこもったメッセージをもらったそうです。大怪我をしないために、ここで倒れてしまえば…という考えも頭をよぎったそうです。

　それでも「周囲のため、家族のため、勝つ！」と、気力と勝利への執着を保ち続け、気迫のパンチで5ラウンドにTKO勝利をおさめ、見事に3度目の防衛を果しました。

　大切な日本タイトル防衛戦の6日前に膝の靱帯を痛めた…テーピングをして練習をしては、膝がはずれてしまう！　の繰り返しですから、大きな視野から見ると、ほとんど膝の状態は改善していません。そんな状況でも、わずかでも改善している症状がないかを探し、少しでも良くなっている点を喜ぶ！　まさに「辛い症状を苦しむより、良くなった症状を探す」です。
　また、ボクシングは個人スポーツですから、自分の代りが存在しないというプレッシャーがあります。そのため、歩くことも充分にできないほどの状態でしたが、「落ち込んでいる暇はない！」「今の状態でのベストを尽くすべき！」などといったポジティブな考え、それから周囲の期待に応えたいという強い責任感、そして周囲の大きなサポートが、気が狂ってもおかしくないような6日間を乗り越えることを可能にした大きな要因と思います。

8. 感謝の気持ちを大切にする

　感謝の気持ちは、大切な前向き思考です。怪我で悩んでいても、御世話になった監督、コーチ、チームメートなどへ感謝の気持ちを向けることで、気持ちが落ち着くことがあります。また、感謝の気持ちを力に換え、今まで以上に努力する選手になることも可能です。

野球

　野球選手、元米独立リーグ Kitchener Panthers (ICL), Florence Freedom (FL), Anderson Joes(SCL) 投手の落合陽氏。利き腕の右肩を故障し、手術

落合陽氏

を受けました。それでもメジャーリーガーという夢を求め、奮闘中です。

「怪我をして、これまでに応援やサポートをしてくれた家族や仲間の期待を裏切り、プレーという形で恩返しできないことが最も苦痛に感じています。私の場合、"夢"をあきらめず、"夢"に向かって突き進む過程にどんな努力や困難が立ちはだかってもそれを苦労と感じることはありません。しかし私は、コーチであったりトレーナーであったり、多くのボランティアやサポーターに支えられています。したがって、プレーしてこその恩返しであり、プレーしてこその感謝の気持ちを表現できるので、自分自身に対してはむしろ勉強になることやレベルアップのためのきっかけとして前向きに捉えることができました。しかし周りの方々への申し訳なさで、心が痛むことがあります。」と、ボールを投げられない状態でも、今までサポートしてくれた方々への強い感謝の気持ちを持ち続け、それを前向きな気持ちとして転換させています。プレーができない歯がゆさを申し訳なく思いながらも、いつかは恩を返す！という強い気持ちが、今の落合氏を大きく支えています。

さらに落合氏は、

怪我を克服するために心理面で心掛けていることに対して、

「第一に『本当に治るのか』という懐疑心を拭い去ることです。

治療の過程というのは、それは、それは長くゆっくりとしたペースで歩みを進めるため、現代社会に暮らす私には時としてそれが無意味で効率的でない無駄な時間を過ごしているように感じます。そして、それは次第に、本当にマウンドへ戻れるのか、本当にこの怪我は治るのかという疑心暗鬼に繋がり、そうなると、もう何をやっても上手くいかず、何もやる気が起きなくな

ります。したがって、懐疑心を拭い去り、この治療を続ければ絶対に治る、俺なら絶対にマウンドへ戻れるとすべてを信じることこそ心理面で最も大切なことだと気づき、現在も実践しています。」

と、自分を信じることの大切さを語りました。将来が見えないと、時には気が狂いそうな不安に陥ることもあります。「懐疑心を拭い去り、すべてを信じる!」重要な考えといえるでしょう。

また落合氏は、利き腕である右肩の手術を受けました。利き腕にメスを入れることに関して、

「これまで、怪我に対する治療としての手術は、マイナスをゼロに戻すための方法という位置付けがありました。元には戻らない、完全には良くならない、そんな声をたくさん掛けられました。しかし、私は、ゼロをプラスに変えるための手術もあっていいのではないかと考え、今まさにその結果を証明するために日々リハビリに励んでいます。まずは、痛みを怪我として正直に認めることが大切です。

怪我をしてわかることが、治療の過程で学ぶこと、五体満足では絶対に知ることのないさまざまな発見があります。その時点で、今までの数字がマイナスになることは絶対にありません。そして、その痛みを取り除くことが本当の意味での克服に繋がります。

痛みを我慢してプレーしていたかつての自分を考えれば、手術で痛みを取ることや、思い切って長期休養を選択することは何のデメリットでもありません。むしろ、痛みが取れた状態でプレーしている自分自身を想像すると、それだけでこれからの人生に期待感さえ生まれます。あとは、何事も絶対にあきらめない強い精神力、自分自身を見失わずしっかりとした心で信じること、そういう姿勢で治療を進めれば、ゼロをプラスに変えられると私は信じています。」

怪我をしたことで学べることがある! 手術を受けることで、長期休養で

きた！　まさに手術の医学的な効果以外のプラスの部分を認識されています。現実を認識した上で、このような前向きな考えができるのは、素晴らしいことです。落合氏がこのような考えに至るには、様々な不安、葛藤などがありました。それを「懐疑心を拭い去り、すべてを信じる！」ことで、手術したことをパワーの源として、夢に向かって頑張っています。

9. ライバルの活躍をプラスに考える

　怪我で練習ができないとき、ライバルの活躍が気になることがあるかもしれません。「俺がリハビリしている間に、強くなっている」「あいつ、優勝しやがった！」など、プレッシャーを感じることもあるでしょう。しかし、ライバルの活躍は、高い目標を設定できる絶好の機会です。もう勝てなくなるのでは…と、マイナス思考を強めるのでなく、「怪我を克服して、絶対にあいつに勝つぞ！」と、気持ちをプラスの方向に保つことが大切です。

ラケットボール

　ラケットボール、光山徹氏（ルネッサンス野田）は、ある日、利き手である右手首の痛みを自覚しました。痛みを我慢し、練習を続けましたが、日に日に痛みは強くなり、日常生活に支障を来す状態となりました。病院へ行くと、右手関節の軟骨と靭帯が損傷する「三角線維軟骨損傷」との診断でした。まずは右手首の安静が重要との指示を受け実践しましたが、治るかどうかも分からない状態が続きました。ラケットは握れない、練習ができない、試合に出られない。それだけではなく、ライバルの活躍を間近で目にし、ランキングポイントを稼ぐ選手が増える一方で、光山氏はランキングポイントが０になり、焦り、不安がつのりました。しかしラケットボールを続けたいという想いの強かった光山氏は右手でラケットを持てなければ、左手でトレーニングしよう！　と、全身を鍛えると同時に、左手でラケットを持ち、練習に励みました。しかし、左手でのショットは、利き手でのショットと比べパワーもコントロールも劣ります。またたく間に一流から三流のプレーヤーとな

第3章　プラス思考を育むトレーニング

り、我慢の日々が続きました。

　右手首の安静だけでは改善の兆しが見られず、右手でラケットを持てなくなってから1年半後に右手首の手術を受け、その半年後から右手でラケットを再び握り始めました。痛みは半減したものの、整骨院への通院をしながら、右手でラケットを持ち、2年間の悔しい思いを爆発させました。その後は、コナミカップ優勝、ジャパンオープンベスト8、東日本シングルスベスト4など、右手首を怪我する以前よりも、はるかに良い成績を残し、現在も活躍中です。怪我で右手が使えない時期に、ラケットボールを辞めずに、左手でラケットを持って練習を続けられたのは、自分はこのままでは終わりたくない、ライバル達を見返したい！　そんな想いでした。つまりラケットボールが好きだという気持ちと、ライバル達の存在が、2年間の左手でのプレーを支えたと思います。

ラケットボールの光山徹氏

　光山氏は、この2年間で進歩した点がいくつかあるといいます。まず、左手でのショットではボールを強く打てないために、以前に増して、相手の動きやショットを読む必要性が生じました。その結果、相手の動きやショットが、以前よりもはるかに良く見え、良く読めるようになったそうです。また何より、右手を使えない時期を経験したことにより、精神的にへこたれなくなった！　と感じています。

　ラケットボールの練習では、同じくらいの実力のプレーヤー同士で打ち合うことが多いそうです。右手が使えれば、いつでも、もっと高いレベルで戦えるのに、といった歯がゆい思いもあったと想像します。しかしライバルの

活躍に焦るのではなく、「また、あいつらと試合をする！ このままで終わらない！ もっと強くなり、勝ち星を重ねるぞ！」とプラスに考え、ラケットボールのプレーに対する気持ちを2年間きらさず、じっと怪我が治るまで我慢をしたことが光山氏自身の活躍につながっていると考えます。

第4章

気持ちをコントロールするトレーニング

　気持ちをコントロールするために重要なスキルとしてサイキング・アップとリラクゼーションがあります。簡単にいうと、気分が乗らないときに高めていく方法がサイキング・アップ。気持ちが高ぶり、興奮しすぎ、緊張しすぎのときに気分を落ち着ける方法がリラクゼーションです。

1. サイキング・アップ

　サイキング・アップとは気持ちを乗せ、やる気を高め、実力を発揮するために必要な理想的な心理状態を作ることを目的にしています。楽しい、好き、面白いといった気持ちを意識的に作ります。怪我で気分が落ち込み気味の場合、ため息が止まらないなど呼吸が乱れがちになります。またテンションが下がると、血圧が下がり、脈が遅くなりがちです。そんな気分が沈み気味のときに、サイキング・アップは、気持ちを楽しい方向へ盛り上げていくと同時に、呼吸を整えて、心拍数を上げる重要なテクニックになります。

　サイキング・アップには様々な方法がありますが、例をあげると軽快な音

楽に合わせて、音楽にのりながらリズムをとり、呼吸を合わせていきます。音楽に合わせて手拍子をしたり、手足を動かしたりします。

　そして最後は、音楽に合わせて、「ほい！　ほい！　ほい！　ほい！…」などと大きな声を出して、手拍子や呼吸、手足の動きを早くします。この場合、スローな音楽よりアップテンポの曲の方が、呼吸も速くなり、脈拍数も上昇しやすくなります。そこで「よっしゃー！」「頑張るぞー！」「怪我に負けるものか！」などの声を張り上げることで、気分を高めていきます。心の底から、サイキング・アップが楽しい！　という気持ちで行えれば、より気持ちが乗り、やる気が高まります。そして、「好き！　楽しい！」といった内発的モチベーションを引き出します。

　また、スポーツイベントの応援ソング、テーマソングには、気持ちが高まる歌詞を含んだ曲がたくさんあります。こういった曲を聴いて、気分を高めることも一つの方法です。

　スポーツの分野でのサイキング・アップでは、チームでまとまり、盛り上がることが大切ですが、怪我と闘っている場合は通常、一人きりです。そこで一人でできるサイキング・アップを考えていかなくてはいけません。

　前述の大相撲、元関脇水戸泉、現錦戸親方は、派手な塩撒き、「ソルトシェイカー」として有名ですが、塩を撒いた後に、両頬を叩き、両肩、両まわしをぴしゃぴしゃと叩き、胸を数回、ぴゅん、ぴゅんと張って気合を高めていました。これらの動作は、彼独自の一人でできるサイキング・アップの方法です。最近の力士では、高見盛関の立会い前の動作が、現役時代の水戸泉関を彷彿させます。

　また、顔面や手足、胸などを自分でマッサージする方法をセルフ・マッサージといいます。これも気持ちを整える一つのテクニックです。それからボクシングのパンチをしたり、背伸びをしたり、ジャンプをしたり、様々な方法で気分を高めることができます。自分に合った気持ちを高める方法を見つけることが重要です。

2. リラクゼーション

　怪我をすると、不安や焦りなどで、マイナスの興奮が高まることがあります。そんな際に、気持ちを落ち着かせるリラクゼーションは重要です。これもトレーニングですので、日々の積み重ねが大切です。リラクゼーションには呼吸によりリラックスする呼吸法、五感を利用する方法、筋肉の弛緩、瞑想があります。

(1) 呼吸法

　スポーツのメンタル・トレーニングでは、呼吸法によるメンタル・コントロールは最重要であるといわれています。怪我に悩む方々にも呼吸でメンタルをコントロールすることはとても大切です。

　怪我をして、痛みや将来の不安などが強いと、体調自体が悪化し、呼吸が乱れがちになります。通常、浅く早い呼吸になりがちです。また呼吸が乱れると、微妙な筋肉の動きの乱れが生じ、全身痛など、新たな症状をうみかねません。

　その理由の一つに自律神経の乱れがあります。自律神経とは、自分の意思とは関係なく働き、心臓を動かしたり、食物を消化したり、体温を調節したりなど全身の体調をコントロールする神経です。ちなみに自分の意思で動かす神経を随意神経系または体性神経系といい、これにより手足を自分の意思通りに動かします。

　自律神経には交感神経と副交感神経があります。大雑把にいうと、激しい活動中や、興奮、緊張したときには交感神経が優位に働き、リラックスしたときや睡眠中には副交感神経が優位に働きます。

　痛みや不安などが強くなると、自律神経のうち交感神経が優位になりがちで、無意識のうちに呼吸が速くなり、さらには「過換気症候群」という呼吸の異常に加え、全身のしびれや動悸、めまいなどが出現する症候群になることもあります。これは呼吸が異常に早くなることで、血液中の二酸化炭素濃

度が低下し、血液がアルカリ性に傾くことにより生じます。過喚気を起こす状態は、過度のストレスや、不安、恐怖を特に急激に感じたときなど、精神的な不安定性が原因のことが多いようです。

　ちなみに過喚気症候群を生じた場合は、治療として、ペーパーバック法という、紙バックを口と鼻にあて、その中で呼吸をして、自分の呼気をもう一度吸うことにより、血液中の二酸化炭素濃度を上昇させる方法が良く使われます。同時に、抗不安薬などを併用することが、日常の臨床で多く認められます。つまり、薬剤により、精神をコントロールし、紙バックにより呼吸を調節します。

　話はそれましたが、自律神経を調節する方法として呼吸法は最も簡単で重要です。自分自身の意識の下で最も、自律神経を調節させやすい方法です。早い呼吸は交感神経に偏りやすく、ゆっくりとした呼吸は副交感神経を優位にします。

　深呼吸しながら喧嘩ができるでしょうか？　通常は、困難です。逆に呼吸を意識することによって、感情をコントロールできます。このように呼吸法によって痛み、不安などで優位になった交感神経を、副交感神経を刺激し、リラックスする方向に持っていくトレーニングが大切です。

　呼吸方法の一つですが、息を意識して深く、ゆっくりと吸います。肺を思いっきり膨らませると血圧が少し下がります。よく興奮すると、頭に血が昇るといいますが、血圧が下がることによって、その状態を軽減させます。その後、しばらく息を止めて、それから意識的にゆっくりと息を吐き出します。なるべく呼吸に意識を集中して、不安感や恐怖心などからできるだけ意識を背け、活躍する自分をイメージするなど、前向きな気持ちを保つようにします。そして、これを繰り返します。意識的に呼吸を操作することにより、精神状態を調節します。過換気症候群の予防・対応にもつながり得ます。これも、トレーニングですから日々の反復練習が必要です。

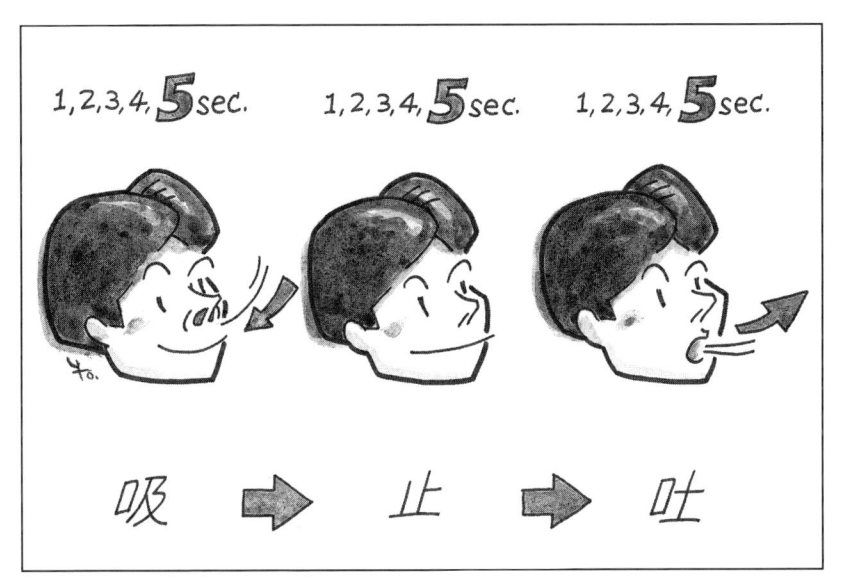

第4章　気持ちをコントロールするトレーニング

呼吸法

具体的な呼吸法です！

　それでは、鼻からゆっくりと息を吸って、吸って、吸って……（約5秒）
　次に息を止めて、止めて、止めて……（約5秒）
　そして口から息をゆっくりとはいて……（約5秒）
　続いてリラックス……全身の力を抜きましょう！
　これを数回繰り返します。

　同時に腕をリラックスさせた状態で、お腹の前において、息を吸いながら少しずつ胸のほうに上げていき、息をはくときに、お腹の方にゆっくりと戻していくといった、呼吸に身体動作を合わせるといった方法もあります。

（2）五感の利用
　五感とは、視覚、聴覚、嗅覚、味覚、触覚のことをいいます。これを上手

く利用すると、体をリラックスさせ、体の疲れを取ることができ、同時に、気持ちがリラックスし、リフレッシュできます。この五感は脳にある前頭葉、側頭葉、頭頂葉、後頭葉という大脳の4つの部分に関与しています。

　怪我による不安、恐怖、焦りなどが続くと、脳が疲労します。脳が疲労すると、さらに不安、恐怖、焦りなどが強まります。さらに脳の疲労により、仕事や作業の能率が低下し、ミスが増加し、悪循環を引き起こし得ます。このような疲労した脳を回復させる方法として、十分な睡眠の他に、五感を利用し、リラックスする方法があります。

　綺麗な絵や写真を見て、視覚により気持ちを和ませると、後頭葉がリラックスします。また自分の好きな、気持ちが落ち着く音楽を聴くと側頭葉がリラックスします。この場合、サイキング・アップと異なり、スローテンポの落ち着いた曲が良いでしょう。また、メタボリック症候群に注意しつつ、美味しいものを味わうと、前頭葉がリラックスします。気持ちのいい感触のぬいぐるみを抱くことにより、触覚で癒される方もいます。この場合は、頭頂葉がリラックスします。

　また嗅覚は、前頭葉を刺激すると同時に大脳辺縁系という情動に関与する部位と結合しています。良い香りには気持ちが落ち着き、不快なにおいには嫌な気分になるのはそのためです。実際、アロマセラピーや入浴中にラベンダーなどの入浴剤を使用して、気持ちを落ち着かせるなど工夫されている方もいます。

　例えば、会話を楽しみながら、美しいBGMを聴き、美しい景色を見て、料理のにおいを楽しみながら、食事を美味しく味わうといったように五感を利用してリラックスすると、脳の疲労が回復しやすいといわれています。

　一度に五感全部を刺激する必要はありません。視覚のみ、聴覚のみでもリラックスでき、脳を疲労から回復させることができます。自分がリラックスできる方法を見つけて、どんどん取り入れましょう。

第4章　気持ちをコントロールするトレーニング

(3) 筋肉の弛緩

　全身の筋肉をリラックスさせることは重要です。緊張が強いと、全身に力が入ります。時には、普段あまり使わない筋肉に持続的に緊張が続くことにより、体の至る所に痛みが出ることがあります。逆に、筋肉を緊張させずにリラックスする、つまり弛緩させていれば、このような症状は防げます。

　また人前で、緊張のため全身に力が入り過ぎている方々も見かけます。目をキョロキョロさせ、落ち着きのない方々もいます。また怪我の痛みで、怪我をしていない場所に力が入り、痛みをかばうことで、姿勢が悪くなることがあります。そのような方々は、余計な力を使っています。血圧が上がる方もいます。倦怠感を増強させる原因にもつながりかねません。筋肉の弛緩により、余分な力を抜いて、パワーを温存しましょう。

漸進的筋弛緩法

　では、どのように筋肉を弛緩させたらいいでしょうか？　漸進的筋弛緩法という方法があります。通常、寝た状態、もしくは座った状態で行います。

　まず右手に力を入れて、入れて、入れて（数秒間）……リラ〜ックス（力を抜きます）

　次に右肘に力を入れて、入れて、入れて（数秒間）……リラ〜ックス（力を抜きます）

　その後、右肩→左手→左肘→左肩→右足→左足→首→胸→お腹など自分で体の各部分を順番に、「数秒間、力を入れて……リラックス」と、意識しながら緊張させた後にリラックスさせます。このとき、力を入れているときに息を吸って……リラックスと同時に息をはくといった呼吸法を併用すると、より効果的です。

　また、痛みが強いと顎に余分な力が入り、歯を食いしばるといったことがよく見られます。これが強くなると、ブラキシズムという、歯や歯茎などへの破壊が生じる場合があります。これに対する対策として簡単なのは、なる

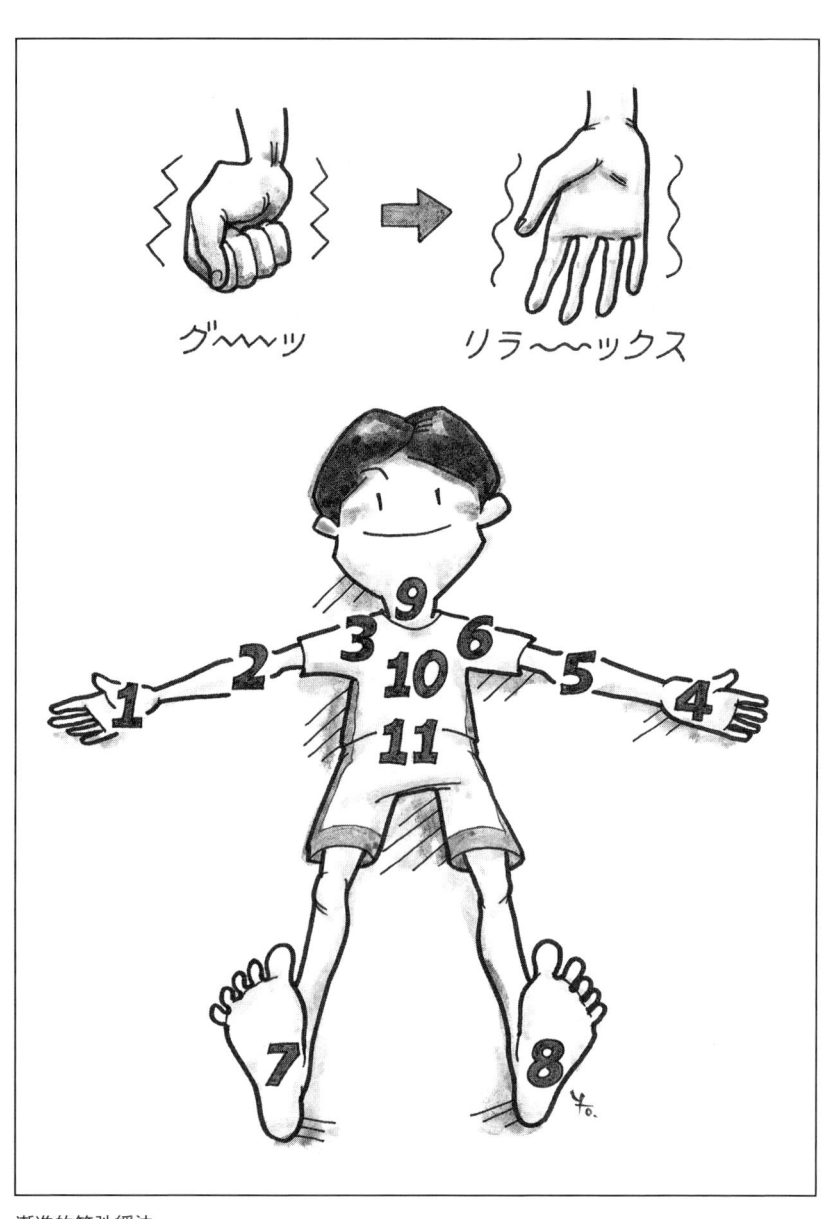

漸進的筋弛緩法

べく上の歯と下の歯を接触させないことです。「歯は離してリラックス！」を心掛けることにより、顎のみでなく、全身をリラックスできる場合があります。

（4）瞑想

　瞑想とは、目を閉じて静かに考えることです。全身の筋肉の力を抜いた状態で、目を閉じて横になります。できるだけ不安などマイナス思考を除外し、頭の中が無になるように、リラックスを心がけてみましょう。このときに、呼吸法やスマイルを同時に行うことも良いでしょう。3分から10分位、自分がリラックスできる音楽を聴きながら行うことも有効な場合があります。

　例えば、大の字に寝た状態で、目を閉じて、
「今晩のご飯は何かな～？」
「あのCM、面白いな～」
など、ちょっとしたことを静かに考えます。「悟りを開こう！」など、難しいことを考える必要はありません。呼吸法を併用して、全身の力を抜きます。力が抜けにくい場合は、漸進的筋弛緩法を使って、脱力を心掛けます。また、大きな声であくびをして、手足を思いっきり伸ばしても良いでしょう。そして、心身ともにリラックスします。

　また怪我や手術の術後に安静を要する場合があります。安静を意識し過ぎると、知らず知らずのうちに余計な部分に力が入り、首や背中、腰など新たな部分に痛みが加わることがあります。また、1ミリでも動いてはいけない！といった絶対安静は疲れます。そのため、少なくとも私は脳脊髄液減少症治療であるブラッドパッチ後や手術後の安静は「自分が楽になることを心掛けましょう！」とアドバイスしています。ただし怪我や手術の種類によっては、絶対安静が必要な場合がありますので、臨機応変に担当医と相談すべきです。この安静の時期に、瞑想を併用してみてはいかがでしょうか？　大の字でも、横向きでも、うつ伏せでも、自分が楽と感じる姿勢で、全身の力を抜い

て瞑想することを試してみてください。

3. スマイル

　スマイルは、気分を高める、またリラックスするための一番簡単で重要な方法です。辛い症状であっても、楽しいことを思い出し、イメージし、笑ってみてください。楽しいことがイメージできなくても、無理に笑うトレーニングが大切です。笑えるということは、プラス思考です。逆に笑えないのは、マイナス思考です。

　「笑い療法」というものもあります。笑い療法は、笑いで患者の自己治癒能力を高め、健康な人の発病予防を、また病気で苦しんでいる人を元気にすることを目的としています。実際に、笑いで痛みが取れることや、笑いで免疫力が高まるという実験が行われ実証されています。

　疲れを感じたときにもスマイルを心掛けると、疲れが吹き飛ぶことがあります。

　バラエティー番組を見て笑う！　楽しい会話で笑う！　隣の人の顔を見て笑う！　様々な方法で、スマイルしましょう。

ラクロス

　日本体育大学女子ラクロス部主将の南田麻美氏。学生最後の年のシーズン、大学日本一を目標としていた練習中に、右指を負傷、「ボキッ」と音がして、「あー、骨が折れたな！」と感じました。病院での診断は「右第一指骨折で全治3か月」。右親指の骨が縦形に折れ、しっかり治療をしないと指に後遺障害を生じやすい骨折であったため、ラクロスをすることに対して、ドクター・ストップがかかりました。

　1か月後には、大切な準決勝が控えているのに…南田氏は、主将としてチームをまとめなくてはいけないとの責任感から、怪我をした自分に苛立ち、今後、どうしたらよいか不安で一杯になりました。

第4章　気持ちをコントロールするトレーニング

　「ここで無理をすると、運動だけでなく、日常生活にも支障を来たす後遺障害が残るかもしれない！」と、医師から告げられました。しかし選手生命を賭けて、というより、人生を賭けてといっても過言ではない強い気持ちで、大切な試合に向けてチームをまとめるとともに、骨折した指を装具で固定し、痛みと闘いながら練習しました。その際、気をつけていた点は、チームの雰囲気を明るくすることでした。チームの主将だからこそ、落ち込まず、笑顔を心掛けたそうです。

ラクロスの南田麻美氏

　指の装具がはずれたのが、準決勝の二日前でした。この試合、南田氏は、マネージャーとしてベンチに入り、チームメイトと目標にしてきた大学日本一を目指すため、フィールドに立てないからこそできることを探して、チームを盛り上げました。そして、準決勝に勝利して、決勝に進みました。

　決勝の舞台では、指の状態も安定してきたため、テーピングをして試合に出場しました。勝ちたい気持ちと同時に、決勝の舞台でラクロスができることに感謝して、楽しみながらプレーしたので、痛みは感じなかったそうです。そして、見事に決勝での闘いに勝利し、目標であった大学日本一を勝取りました。

　南田氏は、「怪我したときこそ、笑顔ですね！　暗い雰囲気や、怪我をした私に、気を遣わせる雰囲気は絶対、このチームに漂わせたくありませんでした」
と、素敵な笑顔で語ってくれました。

　「怪我したときこそ、笑顔！」素敵な言葉です。笑っていると、「へらへらするな！」と怒る指導者がいるため、「笑顔」を保つことに対して、難しい状況や場面もあるとは思います。しかし、スマイルは自分の気持ちを前向きにするだけでなく、チームの雰囲気も明るく保つことができます。どんなと

きでも笑顔が大きな力となる場合があります。

4. 痛みのコントロール

　怪我の痛みをいかにコントロールするかは、痛みをなるべく意識の外に出すことが重要です。そのために、怪我から目を背け、他のことに意識を集中することも大切です。例えば、競技向上のためにどうすべきか考える、チームのことを考える、お笑い番組を見て爆笑する…などなど。また大切な試合では、試合に集中することで痛みのコントロールが可能となる場合があります。

ラグビー

　元大東文化大学および社会人リコーラグビー部、元 U-23 ラグビー日本代表の須藤明氏は、大きな怪我をしたことはないものの、手や足の捻挫、打撲などは数多く経験されました。時には練習に支障をきたす痛みを伴うような怪我を押して、試合に臨んだこともありました。しかし、試合では一度も怪我の痛みを感じたことはなかったそうです。痛みのコントロールに関して須藤氏は、試合になると気分が高まり、試合に集中した力が怪我の痛みを上回った結果と考えています。ただし試合終了と同時に、強烈な痛みを思い出したかのように感じたことが、たびたびあったそうです。

　大切な試合で、集中力を発揮して痛みをコントロールする！　試合直前の怪我をおして勝負に臨み勝利したといった話はよく聞きますが、そういった方々は、須藤氏のような痛みを上回る集中力があるからでしょう。普段から、ここぞというときに、痛みをコントロールできるようにトレーニングすることが大切です。

　また須藤氏は、試合までの期間が数日でも空いている場合は、怪我を早く治すためと気持ちを切り替え、試合の直前であっても練習を休み、怪我の治療に専念することが大切と考えていました。練習をしなくては！　と焦る自

第4章　気持ちをコントロールするトレーニング

分を抑えて、必要なときには休みを取ったことが、大きな怪我を経験しなかった原因の一つと推察します。

5. 理想的心理状態

　気分の高め方には、熱くいく方が盛り上がりやすいという人がいる一方で、クールに集中力を上げていく方が良いという人もいます。また良いパフォーマンスをうみ出すには、リラックスのし過ぎも良くありませんし、緊張が強くても上手くいきません。このリラックスと緊張のちょうど良いバランスが大切です。緊張・興奮レベルが高くもなく、低くもなく、ちょうど良い状態のときに理想的な心理状態（ゾーン）がうまれ、このときに最高のパフォーマンスを発揮しやすいといいます。

須藤明氏

　やる気がないときに、いかにやる気をだすか！　緊張しているときに、いかにリラックスするか！　怪我でのショックで何もしたくない！　といったテンションが下がった状態ではサイキング・アップを用いて気分を乗せていき、怪我での不安、焦りで緊張度が高まっている場合はリラクゼーションで気分を落ち着けていくという、メンタルの調整が重要です。
　サイキング・アップやリラクゼーションの他にスマイル、セルフ・トーク、フォーカル・ポイント（後述）を併用して、理想的な心理状態を自分で見つけて、自分にあった精神の向上法を考えてみましょう。

パフォーマンス

良い

理想的心理状態(ゾーン)

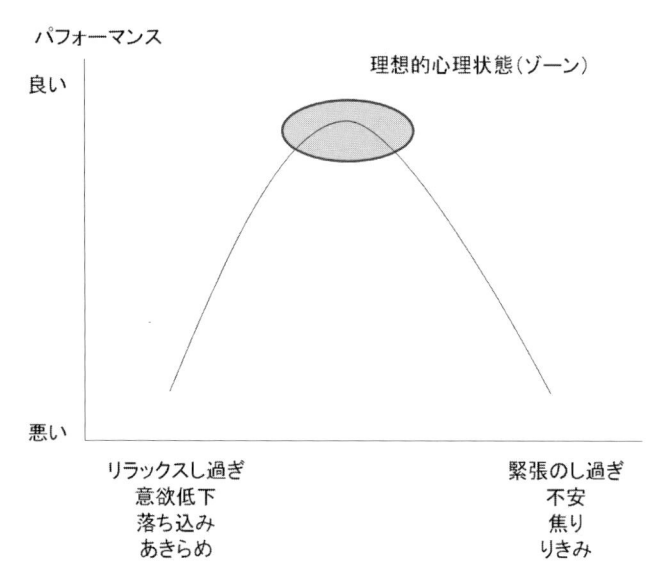

悪い

リラックスし過ぎ　　　　　　　　　　　緊張のし過ぎ
意欲低下　　　　　　　　　　　　　　不安
落ち込み　　　　　　　　　　　　　　焦り
あきらめ　　　　　　　　　　　　　　りきみ

最高のパフォーマンスをうむ心理状態

第5章

イメージトレーニング

1. 良くなった自分をイメージ

　目標設定とともに重要なことは、イメージトレーニングです。怪我をしていてもイメージトレーニングはできます。というより、怪我をしたときこそ、イメージトレーニングです。世界を揺るがせたベストセラー、『7つの習慣』（スティーブン・R・コヴィー著）では、世界のトップ・クラスの選手やその他の分野で際立った成功を収めている人のほとんどが、イメージトレーニングを行っており、しかも、目的を持ってイメージトレーニングを始めている！　とイメージトレーニングの重要性について述べています。

　怪我したことをチャンスに変える一つの要素にも、イメージトレーニングが重要です。怪我の状況を思い出してしまう、怪我が治らないのでは…などマイナスイメージを描くのでなく、怪我が回復し、活躍している自分をイメージすることが大切です。同時に、自分の立てた目標をイメージすることも大切なトレーニングでしょう。

　怪我をしていても見ることはできます。見ることはイメージの基本です。「チームの練習を見て、チームが強くなるイメージを高めよう！」

「一流選手のプレーを見て、一流の技のイメージを高めよう！」

「過去の練習ビデオを見て、欠点を認識し、将来、より良いパフォーマンスをしている自分をイメージしよう！」

など、試合や練習、ビデオを見ることでイメージを高めることができます。

これもトレーニングですので、最初は良いイメージが描けなくとも、日々、良いイメージを少しずつでも高めていくことが大切です。また怪我の程度や回復具合により、臨機応変にイメージを追加、変更することも重要です。

野球

元日本ハムファイターズ投手、現楽天イーグルスジュニアヘッドコーチ今関勝氏は、

「社会人（NTT東京）選手時代ですが、全日本の合宿に参加しました。そのときの紅白戦で胸に打球を受け、血を吐き、即入院。肺の一部が損傷する肺挫傷と肋骨骨折で、全治3ヶ月との診断を受けました。その後、強い息切れや胸部の痛みに苦しみました。そして安静のため2週間寝たきりの状態を余儀なくされ、ふらつきは度々でした。しかし3週間後には、都市対抗予選が控えていました。 このときには、やればできる！ あきらめない！ と強い気持ちを保ち続けて、体と相談しながら練習をして、どうすれば都市対抗野球に出場できるかを考えました。なかなか思い通りの球がいかなかったのですが、やることはやったので開き直りました。同時に、自分が都市対抗予選で、投げて抑えている姿をイメージしていました。そして、多少の体調不良を押して、都市対抗野球には補強メンバーとして登板できました。

今関勝氏

82

第5章 イメージトレーニング

　また日本ハムファイターズに入団した年に、肘痛に悩みました。そのときには、将来の自分を想像し、リハビリテーションに励みました。　しかし現実のリハビリ中は、プロとして野球ができるのだろうか？　などの不安感がよぎり精神的にきつくなり、逃げ出したくなることもありました。そこを踏みとどまり、肘痛を克服できたのは、自分の将来を信じ、1軍で勝ち星を挙げた姿、日本ハムファイターズのエースとして投げている姿をイメージして頑張れたことが大きいと思います。」
　と、良い状態のイメージを保つことが重要だと語ってくれました。怪我での不安、焦りに目を奪われ過ぎると、さらに不安や焦りが強くなります。今関氏のように、良いイメージを持つことで、怪我の不安を掻き消すことは怪我を克服する際に重要なことです。
　また怪我からの復帰に関しても、復帰のイメージを高めて準備していくことが大切です。

サッカー
　サッカーJFL、佐川印刷SC、ガイナーレ鳥取、FC琉球でプレーした堀池勇平氏。現役中に左膝の怪我（後十字靭帯部分断裂、内・外半月板損傷［手術］、膝変形性関節症［クリーニング手術］）、右膝の怪我（膝外側半月板損傷［手術］）、左肩の脱臼（左肩関節反復性脱臼［手術］）といった多くの怪我を経験しました。怪我を克服するため、受傷からリハビリまでの時期、リハビリ期、そして復帰後に分けて、特に心理面において、堀池氏は次のように考えていました。

・受傷〜リハビリまで
　「怪我をして手術をしなくてはいけなくなったとき、まず感じたことは『周りに置いていかれないか』という不安でした。不安は焦りや苛立ちを生みます。不安はなるべく感じないほうがいいと思い、まずサッカーノートに復帰までのスケジュール、復帰までの目標などを書きました。それだけでも不安

サッカーの堀池勇平氏

よりもこれからへの期待、やる気のほうが高まりました。

　そのあとに私がしていたことは二通りです。一つは『サッカーを見る』こと。イメージトレーニングです。高いレベルのサッカーの試合やチーム練習を見て、『このプレー使えるな』とか『自分ならこうする』とか頭の中でサッカーをしていました。見る以外でも、一流選手の自伝を読んだりして、一流選手がどんな考え方をしているかなどを参考にしたりもしました。

　もう一つは『全くサッカーを考えない』ことです。サッカーのことばかり考えているとプレーができないストレスがかなり溜まります。そうならないために、サッカー以外のことでリフレッシュをすることも必要でした。私の場合、映画を見たり、本を読んだりしていました。

・リハビリ期
　この時期が一番身体的にも精神的にもきつい時期でした。復帰するためのハードなトレーニングをしなくてはいけないし、サッカーノートに書いた予定通りに進まないと『焦り』を感じたりします。
　一番気をつけていたことは焦って無理をしないことです。別の場所を痛めたり、また痛みが再発したりします。何度か、この失敗をしました。そのためこの時期のサッカーノートには毎日のように『無理はしない』ということが書いてあります。
　常に『復帰したときは今より強くなっている』とイメージしてリハビリし

ていました。この考え方をするようになってから、リハビリの取り組み方が変わったように感じます。

・復帰後
　サッカーをできることの喜び、サッカーの楽しさを改めて感じられる時期でした。ハードなリハビリを経て、以前より強くなって復帰したつもりでも、イメージ通りに体が動かず、周りにも全くついていけませんでした。ただ、プレーができることに喜び、楽しさをものすごく感じているので、すごく充実した気持ちでトレーニングできていました。」

　堀池氏は、怪我から復帰への、いずれの時期にもイメージが重要だと指摘しています。実戦を見たり、一流選手の自伝を読んだりしてイメージを高め、また、リハビリで苦しんでいる頃は、より強くなった自分をイメージして、折れそうな心を支えていたのではないかと思います。復帰後は、イメージ通りのプレーができなくても、サッカーができる喜び、楽しさに目を向けてトレーニングに結びつけたことも大切なポイントです。
　また、前述しましたが、メンタルトレーニングにおいて、日誌をつけることは、重要な方法です。堀池氏は、サッカーノートと称した日誌をつけて、目標を設定することでやる気を高めたり、時には「無理はしない」と文字で書くことにより、焦る自分をコントロールしました。
　さらに、サッカー以外のことで気持ちを発散させることは、怪我の不安や焦りなどで疲労した脳を休ませる上でも、非常に有効であったと考えられます。

第6章

集中力を高めるトレーニング

気持ち、集中力を高めるトレーニング

　メンタルトレーニングでは、気持ち、集中力を高める方法として、前述のサイキング・アップ、セルフトーク、スマイルに加えてフォーカル・ポイントといった重要なトレーニングがあります。ここぞというとき、気持ちが折れそうになったとき、もうだめだと思ったときに集中力を高められると、目標を切らさず、気持ちを前向きに保てます。

フォーカル・ポイント

　フォーカル・ポイントとは、自分の気持ちが高まるような言葉、写真などを部屋の壁など目につきやすい所に貼り、それを見て気持ちを高めることです。

　例えば、「こんな怪我に負けてたまるか！」「あきらめるものか！」「怪我から復活して、彼女を射止める！」などと書いた紙を自分の部屋に貼り、そ

フォーカル・ポイント

れを見て目的意識を高めます。

　また、自分でたてた目標を書いた紙や、尊敬するプレーヤーの写真を掲げて、「一流になるぞ！」など、前向きな気持ちに持っていくのもフォーカル・ポイントとしての一つの方法です。

　さらに座右の銘を、すぐに目にすることができる自分の手に書いておく、または好きな人の写真を持ち歩き、いつでも、どこでも、自分の気持ちが高まるようにしておくことも一つのテクニックです。

　それから、ある一点を見ると「集中力が高まる！」「集中力が回復する」と、自分で決める方法もあります。

　例えば

「自分の手のひらを見ると集中力が高まる！」

「母校の校章を見ると集中力が高まる！」

「日の丸を見ると集中力が高まる！」

　など、これを日常的に行うことにより、自分の決めた点を見ると、絶対に

第6章 集中力を高めるトレーニング

集中力が高まると信じる、暗示をかけるといった方法もフォーカル・ポイントとして大切な方法です。

競輪での大怪我を夫婦で乗り越える

　元競輪選手の多以良泉己氏。レース中の転倒により、首の大怪我である頸椎、脊髄損傷で四肢麻痺（両手足の麻痺）。一時は生死を彷徨うほどの重症を負いました。医師からは「一生寝たきり」を宣告され、奥様である宇佐美総子氏は、このまま死んでしまうかもしれない！　とも思ったそうです。さらにその後、脳の損傷（高次機能障害）、脳脊髄液減少症を患っていることが判明しました。しかし奥様の献身的な介護と、懸命のリハビリを経て奇跡的な改善をみせました。しかし、左半身の運動麻痺や記憶力低下、頭痛などの症状が持続しており、人生を投げ出してもおかしくない状況でした。

　そんな状態であっても、やがてそこからパン作りに生きがいを見出すようになり、またパラリンピック出場に向け、自転車の練習に精を出しています。この驚異の回復には奥様の尽力が非常に大きいものがあります（詳細は『幸せをはこぶ天使のパン』宇佐美総子著、主婦と生活社）。

　奥様は夫である多以良氏の怪我の介護について
「心理的に重要視していたことは目標の設定です。念願だった家を建てた直後に大怪我をし、入院生活が続いたので、
　『お家に歩いて帰ろうね』
　が、私たちの当初の、一番の目標でした。そのため家の外観の写真と自転車姿の写真を病室の壁に飾っていました。
　当時、医師からは
『もう自転車には乗れないでしょう』といわれていましたが、入院中に新品の競技

パン作りに生きがい…
多以良泉己氏、宇佐美総子氏

用自転車を注文し、その写真を見ながら、
　『この自転車でレースに復帰するんだ』と強くイメージしました。」
と、語ってくれました。

　多以良氏が事故後に意識が回復したときは病院のベッドの上で、手足が動かない状態だったそうです。このときにショックで気が滅入ってしまっても不思議ではありません。しかし、家と自転車の写真をいつも目にすることにより、目標意識や復帰のイメージが自然と高まったことでしょう。
　このように、目標とする写真を日々、目にして気持ちを高めることはフォーカル・ポイントとしての大切なスキルです。四肢麻痺で動けない状態、競輪選手どころか人生に絶望してもおかしくない状況から、家に帰る！　また自転車に乗る！　という前向きな目標に目を向け、気持ちを高められたのは、フォーカル・ポイントによる所が大きく、奇跡的な回復の要因の一つと推察します。
　さらに、リハビリの時期について奥様は
「急性期には目覚ましい回復がありましたが、ある時期を過ぎてからは『壁』との闘いでした。リハビリを頑張っても、目覚ましい回復が見込めないので、次第に投げやりな気持ちになり、生きる意欲や自信を失っていきました。
　そんなときは、以前から訪れてみたいと思っていた場所の旅行本やガーデニング、インテリアの洋書、パンや、お菓子作りの本を眺めて、ふたりで楽しい未来を想像しました。ワクワクする気持ちが、不安やもどかしさを、少しの間、忘れさせてくれました。
　最悪な想定や医師のネガティブな発言は、本人の耳に入らないようにして、ポジティブな会話を心掛けました。かといってあまりに過度な期待は本人にとって、焦りやプレッシャー、挫折感に繋がりやすいので、そうならないように注意しました。
　頑張っても効果が表われにくいときは、心も体も疲れやすいので、そんなときは好物をたくさん詰めた手作りのお弁当を持って、病室を訪ね、外の公

園でひなたぼっこしながら、冗談をいって笑っていました。
　またサポートする自分も同様に深く傷つき、気持ちが深く落ち込んでいたので、スーパー銭湯へ通いマッサージを受けたり、体に良いお茶を飲んで、栄養価の高いものを口にするといった自分へのケアを徹底的に行いました。
　『自分が元気でないと元気を分けてあげられない』と思っていたので、そういった自分へのご褒美は惜しみませんでした。以上の点が、特に私が心がけていたことです。」

　と話しました。後述の「周囲の協力」でも重要なことですが、家族が怪我をしたときのサポートとして、怪我で沈みがちになる雰囲気を少しでも明るく、楽しく、前向きにしていくと同時に、怪我人をサポートする方々自身も前向きに、楽しく！　といった姿勢が大切です。苦しいときこそ、辛いときこそ、気持ちをワクワクさせ、楽しい方向へ意識を持っていき、不安、焦り、恐怖から少しでも、わずかでも視点をずらせると、長期的には効果を示すでしょう。
　またポジティブ思考も、ネガティブ思考も伝染するといいます。宇佐美氏が指摘するようにポジティブな会話を心掛け、ネガティブな情報を遠ざけることも重要です。
　一方で脳卒中後遺症、脊髄損傷などで運動麻痺を後遺した方々の介護は大変なものです。心身ともに疲労し、体調を崩す方々も少なくありません。多以良夫妻の二人三脚での怪我からの回復、特にリハビリの壁にぶつかった頃は、とてつもない苦労があったと推察します。そのため、怪我をしたアスリートのサポートと同時に、宇佐美氏のように自分自身のケア、怪我したアスリートを介護する方々のケアも大切です。介護疲れにならぬよう、自分に対してゆとりのある時間、楽しむ時間、自分を高める時間などを作ることも必要です。
　多以良氏は、現在でも運動障害に加えて、記憶力低下や頭痛などの症状があります。それでもパン作りに生き甲斐を見出し、パラリンピックに挑戦し、

いつも笑顔の多以良夫妻。過去に固執せずに現実を認識し、常に前向きで楽しく、目標を設定してやる気を高め、その時点、その時点でできることをこなしていく！　といったことの蓄積が奇跡を現実にした大きな力だと思います。

第7章

メンタル強化を支える重要な要素

1. 生きる基本

　生きる基本は「寝る」「食べる」「動く」です。怪我に悩む方々の中には、不眠や食欲不振などを伴う方が散見されます。この生きる基本が乱れると、いくらメンタルが強化されても体調を崩します。時にはメンタル強化以前に、意欲がなくなることもあります。そして、不眠や食欲不振などの症状が強固に表れる場合がありますが、生きる基本をしっかりと守っていく姿勢が重要です。

　この三つの要素は、どれをとっても大切です。睡眠が充分でないと、疲労が蓄積されます。慢性疲労を合併しかねません。リラクゼーションなど取り入れ、場合によっては薬物の力を借りるなどしてでも、充分な睡眠をとるように試みて下さい。

　また、傷の治りを遅らせる要因として、低栄養、低タンパク、ビタミン欠乏（A, B, C）、微量元素欠乏症（鉄、銅、亜鉛）、糖尿病など食事の不足や

「寝る」「食べる」「動く」

偏りによって生じる状態が知られています。それから、喫煙は傷の治りを悪くします。

　そのため傷をより早く治すためには、炭水化物、タンパク質、脂肪、ビタミン、ミネラルといった各栄養素をバランス良く摂る食生活が重要です。またアミノ酸は、タンパク質の元で、疲労感回復に有効という声を多く聴きます。

　ここで、「今の私にできる訳ない」と、考えてしまうと、その段階で発展性に乏しくなります。生きる基本ができていない場合でも、「寝る」「食べる」「動く」自分をイメージし、リラクゼーションを取り入れ、少しずつ克服してみましょう。

2. 周囲の協力

　周囲の協力はもちろん大切です。特に学生の場合、親、家族の協力は不可

欠といって良いでしょう。また監督、コーチ、友人からのサポートも大切です。

バドミントン

　バドミントン選手、バドミントンプロショップ・ウェンブレー所属の正田章二氏は、高校時代にインターハイ準優勝などの実績を掲げ、関東自動車バドミントン部に入部し、社会人バドミントン選手として、人生初めての寮生活で練習や試合に励みました。

バドミントンの正田章二氏

　入社して1年後のある日、発熱し、倦怠感などが出現しましたが、体調不良を押して通常の仕事や練習を行い、週末は寮で休みをとりました。しかし、週があけて2日ほどしても正田氏が出勤しないため、寮長が部屋を訪ねると意識不明の状態で横たわる正田氏が発見され、救急で病院へ搬送されました。

　診断は「脳膿瘍」。脳の表面に膿がたまる病気です。当時は生命自体が脅かされる重篤な状態でしたが、2回の開頭手術が行われ、一命を取り留めました。しかし右半身の不全麻痺、それから言葉がしゃべれない言語障害を後遺しました。サウスポーの正田氏ですが、右半身の不全麻痺は、バドミントンプレーヤーとしては、致命的になりかねない後遺症です。

　そんな状況であっても、正田氏は一度もバドミントンを辞めたいと思ったことはなかったそうです。一つにはバドミントンが大好きで、どうしても続けたいという意思が強かったことです。

　もう一つの要因は家族、そしてチームメート、温かい友人の支援でした。言葉がしゃべれない、右半身が思うように動かない状態の正田氏に、家族や

仲間が連日、病院を訪れ、心身ともにサポートしました。これらのサポートは、正田氏にとって非常に大きな支えとなりました。もし、周囲の協力がなければ、バドミントン選手として復帰できていなかったのでは、と当時を振り返るほどです。また、周囲の協力に応えるためにも、絶対に、バドミントンを続けることで恩返しをしたいと強く誓ったそうです。

　その後、リハビリを経て、時には医師に運動を禁止されている時期にも、医療スタッフの目を盗み、外でランニングをしたりトレーニングをしたりなどして、右半身の不全麻痺、言語障害を克服し、バドミントン選手として復帰しました。その後バドミントン全日本選手権ダブルス・ベスト16などの成績を修めるなど、現在も現役として活躍中です。

サッカー

　女子サッカーLリーグ、JEFレディースの高橋佐智江氏。「某年春　なでしこチャレンジ合宿に参加中に左膝の靱帯（前十字靱帯）を断裂し、1ヵ月後に手術を受けました。術後、膝の可動域トレーニングに筋肉トレーニングを中心とした地味で痛いトレーニングが続きました。リハビリを開始して数ヶ月は、プログラム通りに進まない焦りの中、早く復帰したいという気持ちが強く、無心でちょっとした変化にも喜びを感じて頑張れました。

　膝の痛みのため体育座りもできない状態が続きましたが、運動により膝の可動域は改善するのではないかとアドバイスを受け、ランニングなど開始しました。しかし、痛みで納得できる動きができず、

女子サッカーの高橋佐智江氏

次第に不安が増大しました。

　また翌年に、サイクロプスという瘢痕（きずあと）組織が回復を遅らせていると判明しました。膝を良くして、またサッカーをしたい気持ちが強く、再び手術をし、リハビリも頑張りました。しかし、サッカーの動きには、近づけることができず、焦りや苛立ちが募り、次第にトレーナーとの関係も上手くいかなくなりました。
　リハビリをやればやるほど虚しくなり、何のためにやっているのかさえわからなくなるほどでした。そのうち、グラウンドに行っても与えられたメニューが精神的に苦痛になり、ついにリハビリをこなすことができなくなりました。そんな、どん底の状態が1ヶ月間ほど続きました。
　夏には、みかねた監督がまだ完璧に体が出来上がっていない私を練習試合に出してくれ、再びサッカーの楽しさを思い出すことができ、また頑張ろうと思えました。しかし、それも長くは続きませんでした。不十分な体調のまま練習に参加したため、今度は右足の筋肉（内転筋）を痛め、再びリハビリに戻りました。
　この頃は、右足の怪我ですら左膝のせいだと感じてしまうほど、状況判断ができない最悪な精神状態でした。落ち込んだ気持ちの中、違う病院で診察を受けたいとチームに我儘をいい、別のドクターに診てもらうことになりました。
　そのドクターから、可動域は完全に戻る可能性は低いがJISS（国立スポーツ科学センター）で理学療法とリハビリを受けてみては、とアドバイスをいただき、チームに相談しました。トレーナーからはJISSに行くことにOKが出ないまま、もやもやした気持ちで新年になりました。
　年明け後、やれるだけのことをやりたいと監督にお願いをして、JISSでのリハビリに専念しました。怪我の回復が遅れていることに加え、トレーナーを通さずにJISSでリハビリをはじめたことにも悶々と悩みました。
　そこを救ってくれたのはトレーナーの方でした。我儘な私に対しても、熱

心に対応してもらい、再び頑張ろう、自分が納得いくまでは、やるだけのことはやろうと気持ちが切り替わりました。

　術後、リハビリや復帰に向けてのトレーニングを通じて、最も痛感したことは、怪我人にとって相談する者に否定されることが一番苦痛になるということです。やはり、一人では怪我は乗り越えることができないと思います。親身になって怪我に向き合ってくれる方がいないと本人だけでは怪我とは向き合えない精神状態になることを実感しました。」

　と、述べました。

　２回の手術、思わしくない術後の経過やぎくしゃくしたトレーナーとの関係は怪我をしたアスリートにとっては、非常なストレスと思います。精神的に不安定になっても不思議ではありません。しかしその状態から、高橋氏が再び頑張る気持ちになったのは、トレーナーの尽力が大きいと思います。

　高橋氏が最も苦痛に感じた「症状や痛みなどを否定される」といったこと、同様な経験を持たれる方々も少なくないのではないでしょうか？

　私は、脳脊髄液減少症の治療を通じて、理解されずに苦しんだ！　といった声をたくさん聞いてきました。そして悩みや症状を聞くことで、気持ちが多少でも落ち着く方々が多いと感じています。実際には怪我の痛みを完全に理解することは不可能であり、必ずしも簡単なことではありません。しかし怪我で悩むアスリートに対して、周囲の方々は、怪我の状態に対して可能な限り理解をしてあげることが大切です。

スキー

　青山学院大学スキー同好会所属の外川なつ美氏。高校３年の春にバスケットボールプレー中に頭部を外傷し、その後、難治性の頭痛、吐き気、だるさなどが出現し、運動は全くできずに、就学にも支障を来たす状態になりました。診察の結果、脳脊髄液減少症との診断で、高校卒業前にブラッドパッチ治療を受けました。

治療後、頭痛などは軽減し、晴れて青山学院大学に入学し、そして大好きなスキーをするために、スキー同好会に入会しました。練習を開始しましたが、入学2ヵ月後にまたもや頭部を外傷、再び頭痛、吐き気、だるさに苦しみました。とてもしんどく、スキーはおろか、日常生活にも支障を来たす症状でした。
　外川氏は、スキーをもう一度したいために、夏に2回目のブラッドパッチ治療を受け、頭痛など軽快しました。
　治療後、スキーができると思って、したいと熱望して、治療後の安静や水分補給など指示通りに行いました。体調が安定してきてからは、バランス感覚を鍛えたり、筋力トレーニングをしたりと、現状で可能なトレーニングを積極的に行っていきました。そこには運動による「脳脊髄液減少症再発」というリスクを回避するようなマイナスな考えは全くなかったそうです。

　しかし外川氏の家族は、スキーで転倒などして、また、あのような頭痛に悩み苦しむ状態を何としても避けたいという強い想いから、怪我の危険が少ないスポーツを薦め、スキーに対しては断固、反対しました。
　外川氏にとって、スキーができないことは、言葉では形容できないほどの非常なショックでした。親にスキーをしたいと説得しましたが、当初は頑なに拒否されたそうです。そして「やりたい！」「だめ！」といった会話が続くようになり、親子の仲も険悪になっていきました。外川氏は、その頃、反抗的になった自分を感じてはいましたが、同時にそのような状況が続くのは良くないとも考え始めました。
　そして一人で悩んでいても、話は進まないと思い、友人に相談を求めました。
　「迷ったら後悔しない方法を選べ」や、「家族を困らせるのはまずいでしょう」といった様々な助言を元に、外川氏は「怪我をしたことで、やりたいことをあきらめたくない！」との考えに達し、家族の意見も理解した上での会話を進めました。

そして、結果としてスキーはできないかもしれないけれど、現在できる練習から開始するということで家族の同意を得ました。二回目のブラッドパッチ治療から半年後に同好会の練習に参加し、徐々に体力をつけ、合宿に参加できるまでに回復しました。そして全国学生岩岳スキー大会基礎の部などの試合出場、さらにスキースクールのインストラクターとして活躍しました。

外川氏は、怪我をした自分にはまりたくない！　具合が悪くても前を向く！　といった気持ちが強く、このような前向きな考え、強い精神力がなければ、家族を動かし、好きなスキーをすることができなかったと当時を振り返っています。

前向きな気持ちを保ち続けると同時に、自分のことだけでなく周囲の協力を得て、家族や周囲の気持ちを理解した上で、家族を説得した姿勢は大切だと思います。我を通すだけでは、家族との溝を深めることはあっても、解決はできなかったのではと推測します。

3. 治療を効果的にする　―治療者との良好な関係―

一流のアスリートは監督、コーチとの良好な関係を築いていることが多いといわれています。怪我の治療、リハビリテーションなどにおいても同様な関係が重要と考えています。自分の怪我の状態はどうなのか？　今後の治療方針は？　など、しっかりと担当医などに質問し、自分は今後どうすべきかなど、考えていくべきです。医療従事者の側からすると、答えられる質問と回答困難な質問があります。しかし、できる限りの情報を聞き出し、治療をより効果的にすることが、怪我をしたアスリートと治療者との良好な関係を築くといえます。さらには治療者との良好な関係が、チーム、クラブ、それから監督、コーチとの関係に良い影響を与え得ます。

トレーナーから選手へ

あさかわ整骨院でスポーツトレーナーを務める椎原修氏は、トレーナーとして怪我をした選手に対し、医療機関とチームの連携について、次のように

語りました。

「選手が競技復帰を目標とするために重要なことは、まず最初に怪我をしたときに選手に対して、どのように考えてあげるかです。大怪我でない場合、監督に、『練習出来るか？』と聞かれると多くの選手は不安を抱えながらも『大丈夫です』と答えます。

そのため、我々トレーナーが最初に選手に対してすべきことは、医療機関の指導の下で監督を含めて話し合い、【休んで治すのに専念するのか】【休まずに練習をしながら治すのか】を最初の道筋として明確に示してあげることです。特に10日以上経ってから「治りが悪いのでやっぱり休もう」となると「どうせ休むならあのときに休ませてくれれば良かったのに」とチームへの不満が溜まる場合もあるので、最初の判断は、復帰していく上で重要なポイントになります。

またチームを離れて怪我の治療を最優先することになった場合は、選手達は色んな不安を口にするので、それに対するアプローチが必要になってきます。」その不安をサポートする上で椎原氏は以下の5つが重要と指摘します。

1）個人の目標

競技復帰を目指しているときでも常に目標を確認し、目標を口にさせることで辛いリハビリ※を頑張ってもらいます。目標を書いた紙を目につきやすい所に貼り、フォーカル・ポイントとして併用する場合もあります。練習が出来ない焦りが必ず出てくるため、今の時期を無駄にするのではなく、土台をしっかり作る時期だと意識させます。

2）チームの日程

選手の復帰の道筋をたてる場合、どの試合を目途に競技復帰をするのか逆算する必要が必ず出てきます。年間のスケジュールと目指すべき最も重要な大会の流れが理解できていると、次の大会に照準を合わせるのか、回避するのかを監督・選手と話をするときに詳しい打合わせができ、綿密な計画をたてやすくなります。特に選手にとっては、主要な大会以外のことも理解して

あげると、心を開いてもらいやすくなります。

　３）チームのレベル

　チームのレベルを知ることも大切です。例えば、怪我をした選手に対して、チームのレベルによってその選手を地方大会に出場させるか、回避して都道府県大会に照準を合わせるのかなどの判断が重要となります。通常、選手は「全ての大会に出たい」と訴えますが、チーム力が把握できていれば、監督と復帰の時期を慎重に検討することが出来ます。

　４）選手の立場

　怪我をした選手に対して、精神的なケアがとても大事になってきます。特にキャプテンや中心選手の場合、自分のことだけでなく、チームへの責任を感じている場合も少なくありません。このため怪我をした選手と最初に接するときには、その選手がチームの中でどのような位置にいるのかを理解しておく必要があります。

　またチームから離れてリハビリをするときに、怪我でモチベーションが下がり、「自分は、監督に必要とされなくなった」と感じる選手もいるので、監督とコミュニケーションをとり、「常に頑張りを報告しているよ」などのアピールも大事になってきます。特に長期離脱の選手に関しては、この傾向が強いので、三日以上チームから完全に離れないようにする配慮や、練習最後の集合で挨拶に間に合うように時間を考慮するなどの、個別の対応を意識しています。

　５）家庭の環境

　怪我をしたときに親への負担を感じる生徒が多々います。中には親元を離れ、下宿生活をしている選手もいますので、この点も考慮すべきでしょう。金銭面でのストレスが溜まる場合もあります。気になるときは、監督とコミュニケーションをとる必要があります。

　この５つを知ったうえで、上手くアプローチをすることにより、選手は【体を動かせない焦りを軽減】出来るだけでなく、【復帰したときにやりきった自信】を持てるので、怪我をした時期のマイナスを最小限に抑えることが可

能になります。
※椎原氏はリハビリという言葉は使わずに、必ずトレーニングという言葉を使います。

　トレーナーとして怪我をした選手と医療の間を結ぶ大切な役割を果たすと同時に、治療者との良好な関係を保つための重要な事項を指摘しました。椎原氏のように、医療従事者とチームの間に立って、良好な関係を保つ存在はとても貴重です。しかしトレーナーが存在しないチームも少なくありません。その際は、チームメート、チームスタッフ、場合によっては監督や本人が、直接、医療従事者との良好な関係を築き、チームと関わっていくことが重要になります。その際は、怪我をした初期の段階で可能な限り的確な判断をし、個人のこと、チームのこと、家庭のことをふまえ、治療者との良好な関係を保つことが大切です。そして医療のサポートを得て、治療、リハビリを受けると同時に、チームと接触していくことが重要です。

　また椎原氏は、実際のサポート例を提示しました。
①膝の靭帯を損傷し手術を受けた女子バレーボール部の高校生。長期のリハビリが確実でしたが、復帰に関して非常に前向きで負けず嫌いの選手だったこともあり、挑発をしながら気持ちをのせる方法を意識してトレーニングを指導しました。順調にリハビリをこなし、怪我をした数ヵ月後チームに復帰、北海道大会で２連覇、全国大会出場など活躍しました。現在は、関東の強豪大学でバレーボールを継続しています。
②足の骨折（脛骨疲労骨折）をした女子バレーボール部、キャプテンの高校生。怪我をしてリハビリに来たときは、モチベーションがかなり下がった状態でした。彼女は、痛くてもリハビリをやろうとするので、逆算が非常に難しい選手だったため、監督とコミュニケーションの時間を充分に取り、集中して復帰を目指せる環境づくりからスタートしました。彼女の場合はキャプテンとしての責任感が強い一方で、精神的に波がありました。そのため、一定の距離間を保ちつつも、学校や

部活をはじめ日常生活の会話や、愚痴を聞く時間も意識的に多くとることにより、心身ともに安定し、部活動に復帰しすることができました。

　選手は個々で当然、性格が異なります。性格を可能な限り把握し、負けず嫌いの性格の選手には、挑発的な指導が功を奏する場合があります。一方、精神的に波のある選手の場合は、会話や愚痴を聞くといったサポートも重要でしょう。一見、負けず嫌いに見えても、弱い面を持ち合わせているアスリートも少なくありませんので、その場、その場の状況で臨機応変にサポートを考慮していくべきと思います。

4. 選手が怪我したときの指導者として

　指導者に必要なメンタルトレーニング指導テクニックとして、
　　心理的準備
　　自信を持たせるトレーニング
　　ポジティブなアドバイス
　　コーチのセルフコントロール
　　コーチと選手のコミュニケーション
　　情報収集のための知的トレーニング
が、重要です。

心理的準備：怪我をした選手が、怪我の治療やリハビリテーション、回復過程に対して前向きに臨むために、まずは選手の話を聞く、話しやすい環境を整え気持ちの準備をさせることが重要です。怪我をした選手はただでさえ気持ちが落ち込みがちです。

　たとえ「なんてバカなことをいうのか！　やるのか！」と感じたとしても、怪我をした選手としては、真剣に悩んで心配していることを話し、行動しています。もし、選手のいうことが間違っていると感じたとしても、「そう感じるのは当たり前かもしれない！」など、同意の一言が入るだけで、その後

の、指導者としての助言が、選手側にも受け入れやすくなるものです。好ましくないのは、頭ごなしに選手のいい分を否定する、批判する、無視する、といったことです。怪我を克服していくために、選手に前向きな心理的準備を整えてあげることが指導者として大切です。

自信を持たせるトレーニング：怪我をした選手にいかに良いイメージを持たせるかも大切です。怪我に悩む選手に対し、怪我を克服した後に何をするか、したいかなどをイメージさせることにより、不安が軽減する場合も少なくありません。良いイメージを持つ時間、割合を少しでも長く、高く保てるような方向へ選手を導くことも大切です。

さらに怪我をしたことに罪の意識を感じている方もいます。怪我をしたことは悪いことではないと認識させ、同じ時間を過ごすなら、辛くではなく、楽しく！　という方向へ導くことも重要です。

そして、いかに選手の内発的なモチベーションを高め、目標を持たせるかが大切です。目標を達成するために、どうすべきかを選手自身に考えさせ、時には指導者と一緒に考え、向上するために地道な努力を積み重ねることが大切であると認識させます。外発的でなく内発的なモチベーションを引き出せる指導者が一流といえるでしょう。ただし、同時に無理をしないよう、させないような指導も行うべきです。

ポジティブなアドバイス：怪我をした選手がプラス思考を保つために、指導者はなるべくポジティブな言葉で会話をすることが大切です。マイナス思考は周りの選手に伝染するので、指導者自身がプラス思考になることが重要です。

また選手が努力している過程を褒めることも大切です。特に経過が順調ではなく、苦しんでいる場合、全然回復しない、もしくは状態が悪化している場合、選手の気力を維持させるために褒めることは重要です。ただし、根拠が乏しい褒め言葉は選手を傷つける場合があります。難しいケースも多いと

自信を持たせるトレーニング

思いますが、選手の行動、言葉と向き合い、適切な言葉を慎重に考え、投げかけるのが大切だと思います。

コーチのセルフコントロール：指導者自身のメンタルをコントロールすることも大切です。すぐに怒りなどの感情がでて、自分の精神状態をコントロールできないのは、選手の焦りや不安を誘います。
そのために重要なこととして、
- ・共感、同調する。
- ・怒りを表に出さない。
- ・プレッシャーをかけない。
- ・干渉し過ぎない。
- ・足を引っ張らない。
- ・命令しない。

などが挙げられます。

第7章 メンタル強化を支える重要な要素

コーチと選手のコミュニケーション：これは最も重要なポイントといえるでしょう。コミュニケーションをとるためには、話す、聞く、見る、見せる、感じる、説明する、理解するといったことが必要になります。これらによるコミュニケーションの手法、テクニックをコミュニケーションスキルといい、コーチと選手の関係を円滑にするためにも非常に大切です。

良くなっている症状へ

　怪我と闘っている選手は、通常、痛い、辛い症状に目が向きがちです。良くなっている症状に気付かないことも少なくありません。そこで、なるべく良くなっている症状に目を向けさせることが大切です。少しでも良くなっている症状があれば一緒に喜ぶことも、時には選手を勇気づけます。

不安の軽減

　不安をなるべく軽減させることも重要です。選手の不安な訴えに対して、なるべく耳を傾ける姿勢が基本です。そして可能な限りの、理解を示すことが大切です。一方で不安を煽るようなことはなるべく強調しない方が良いと思います。しかし「このままでは、レギュラーとしては使えない」「ライバルが凄い勢いで力をつけている」などの状況を伝えなければいけない場合もあります。その際は言葉を慎重に選び、同時に選手をサポートするひと言、例えば、「このままではレギュラーとしては使えない。しかし、今は怪我を治すことが大切だ！」「怪我が安定したら、レギュラーとしての起用を考える」などを添えると、同じ言葉を伝えたとしても、選手の受け入れが異なると思います。

悪化した場合

　選手がやってはいけないことをして、怪我の状態が悪化する場合もあります。例えば医師の指示に従わず、無理が祟ったなど…そういう状況では、通常、本人が一番ショックを受けています。行動を責めたり、怒ったりはなる

べく最少限にすべきです。たとえ適切でない判断であっても、どうしてその選手がそのような行動をとったかを考え、理解できる点はなるべく認めてあげることが大切と思います。そして今後、同様な場面に遭遇した場合、同じ失敗をしないように指導し、もっと良い方法をアドバイスすることが重要でしょう。

困難な要求を受けた場合
　怪我をした選手から困難、もしくは不可能な要求を受ける場合もあると思います。その際、頭ごなしに「そんなの無理だ！」と否定するのは選手が傷つきます。無理な要求ほど、時間をかけて、どうして不可能かを説明することが大切な場合もあります。

楽しい方向へ
　怪我をした選手の多くは、怪我克服のため悩み、一生懸命頑張っています。そこで、「さらに頑張れ！」と声をかけることは、時に選手の心を傷つけます。頑張っている過程を認め、褒めて、時にはリラックスし、楽しい方向へ誘導することが必要です。

理解し一緒に考える

　作新学院大学経営学部准教授、日本スポーツ心理学会認定スポーツメンタルトレーニング指導士の笠原彰氏は、
　「怪我をしたアスリートは通常、怪我により運動ができなくなったことで頭が一杯です。そこでまず、不安や焦りなどの心境を十分に聞き、相手の気持ちを可能な限り理解することが大切です。そして、できること、例えば手を怪我していたら足のトレーニング、足を怪我したら、手のトレーニングなど、現状で可能なトレーニング方法を、一緒に考えていきます。」

　と、述べられました。まず相手の気持ちを十分に聞き、理解し、そして現

第7章 メンタル強化を支える重要な要素

状で可能なトレーニングを一緒に考えていくことは、怪我での不安な感情から、できることは何かと考えることに目を向けさせていく、アスリートの気持ちを前向きにしていく良い方法です。

情報収集のための知的トレーニング：古い知識にこだわり過ぎないことも大切です。現在は情報化社会で、一般の方々も怪我の知識を得ることが可能です。同時に指導者が情報収集することは、自分のためにも、選手のためにも有益です。その都度、新しい情報を収集していくことも大切です。

それではここで、怪我に悩む選手たちに接してきた方々のお話を紹介します。

野球部監督として

元プロ野球、ロッテマリーンズ、阪神タイガース投手、現在、藤沢翔陵高等学校野球部監督の川俣浩明氏は、現役時代、怪我や故障で痛みを感じた際には、それらに対して自分の向上心、目標が高いと、その痛みを乗り越えられると努力しました。一方、現状に満足、もしくは目的意識が低いと痛みが強く感じられ、いわゆる逃げに走る傾向だったそうです。

そして20年間続けた野球を引退後に、意識によって痛みの差や感じ方が異なることを再認識しました。生徒たちにはプレーヤーとして限られた時間で怪我や故障と向き合い、どのようにパフォーマン

川俣浩明氏

109

スをしていくかを考えさせ、「この痛みと付き合っていかなければ」や「痛みを最小限にするためにメンテナンス、状況に対応しながらベストパフォーマンスが出来るよう試行錯誤しよう！」と思わせることが必要と考えています。

　その中で指導者として大切なのは、まず現状の怪我や故障の状況、度合を確認し、その人の立場（上級生か下級生か？）、オンシーズンかオフシーズンか？　レギュラーか控えか？　をふまえ、最終的にどのようになりたいのかを話し合いをし、目標や治療、トレーニング方法を明確にしてあげることが重要と述べています。

　川俣氏が指摘されている通り、個々の選手が怪我や故障をした場合に、自分の怪我の状況や、今後の体調管理、行動を個々で考えさせる一方で、監督として、選手の立場や怪我の状況を考慮し、いかに目的意識を高めていくかが大切でしょう。

　川俣氏はプロ野球選手として解雇通告を受けたとき、強烈なストレスで胃腸を病みました。しかし、学生時代に野球の指導者になりたいと考えていた川俣氏はその後に、母校藤沢翔陵高校野球部の監督になる！　という強い目標を持ちました。夢を叶えるためには数多くの大きなハードルを超えなくてはいけませんでしたが、一つ一つ、確実に、確実に超えていきました。まずは受験勉強をして、神奈川大学経済学部の夜間学部に入学、朝から母校の事務員として働き、夜間に教職課程を履修して4年間かけて卒業しました。さらにプロ・アマ協定で定められた2年間教壇に立ち、6年かけて平成22年春に藤沢翔陵高校野球部の監督となりました。

　この間も指導者としてのスポーツ心理学、メンタルトレーニングを学ぶなど、とても向上心、向学心の高い方です。川俣氏のように、非常に地道な努力、勉強を重ね、熱く夢を追い求めるようなセカンド・キャリアーは、選手たちにとっても頼もしく感じるでしょう。また情報収集のため、スポーツ心理学、メンタルトレーニング以外にも、強い組織作りのための経営学を学び、学校部活動運営や保護者の対応に関する講習会に参加するなど知的トレーニ

ングを実践されている点も指導者として大切な姿勢だと思います。

怪我の克服には
　元プロ野球、近鉄バファローズ投手、加藤哲郎氏は、
「怪我を克服する解決・打開策としては二通りあると思います。こうすれば上手くいく、こうすると上手くいかない、の二通りで対極です。まず、これをしっかりと意識した上で対処の方法を冷静に判断し実行に移すようにします。重度であればあるほど一つひとつの行為が重要になるので焦らずじっくりと動くことが、かえって近道になりやすいものです。
　やってはいけないことで、やりがちなのは【主観に頼り過ぎる】ということです。
　最終の判断は自分自身で下すべきですが、一つの方向からの見識では正しい判断はし難いので、多方向からの情報を見聞きし取捨選択をしながら正しいと思われる方向を探るべきでしょう。自己の判断は往々にして、希望的もしくは悲観的のどちらかに偏りやすくなり、事後のリハビリなどで【やり過ぎ・やらなさ過ぎ】の弊害が出かねません。正しい方向へ一歩一歩進むことが望まれるので素人判断をせず、専門家と相談し遠過ぎず近過ぎずの目標設定をし、目的意識を持って事にあたるようにするのが大切と思います」
　と、現実をしっかりと認識し、上手くいく方法と、いかない方法を見極め、主観に頼りすぎずに焦らず、モチベーションを保ち続けることが怪我を克服するうえで重要と述べられています。主観に頼りすぎないようにするため、指導者、医療従事者の役割は大切です。
　さらに加藤氏は、怪我をした選手にアドバイスをする際に、
「自分ではなく他の人に対する助言で、【断定・断言】は絶対に避けるべきです。例え九分九厘正しくても駄目です。万が一、断定、断言が裏目にでる可能性もあります。相手は藁にもすがる思いで相談をしているかもしれません。逆恨みも十二分に考えられます。言葉遣いには細心の注意が必要です。『ハッキリとしたことはいえませんが』等と前置きした上で『私はこう思います』

といった答え方が適切ではないでしょうか。それと出来れば、いくつかの例を挙げて選択肢を増やしてあげるのも良いのではないでしょうか。それから、中途半端な答えは相手を迷わすだけなので『申し訳ないけどわからない』という答えも念頭に置いておくべきでしょう」

　と、述べています。将来のことは神のみぞ知る！　逆に人は将来を完全に予知できません。断定的なアドバイスは、加藤氏の述べられる弊害を生じ得るのみでなく、選手の体調管理を考える選択の幅を狭めます。また、多くのアドバイスを受けたために、かえって迷うという声も少なくありません。特にせっぱつまった思いの選手に対してのアドバイスは、慎重を要します。そういったことをふまえて適切なアドバイスができる方が、良い指導者となるでしょう。どうしたらよいかわからない場合は、「申し訳ないがわからない」が、適切なアドバイスにつながることもあります。

怪我への理解を

　元プロ野球、埼玉西武ライオンズ選手の高木大成氏は、現役時代の経験から選手の立場として、「指導者の怪我に対する理解が必要です。同時に我慢のさせすぎは、良くありません。さらに選手は、指導者に怪我の具合を聞かれると『大丈夫！』といってしまうことを理解し、『できない』といえる環境を整えることも大切です。」と述べました。

　怪我をしたアスリートは、怪我に加え、様々な悩みを抱えることが少なくありません。「チームに迷惑をかけたくない！」「泣き言をいいたくない！」「弱気な態度を見せたくない！」などのストレスを自分の中に抱えてしまうこともあります。その結果に、ストレスが溜まり過ぎ、精神面での異常でうつ状態になったり、心身症（最近では身体表現性障害といい、精神の持続的な緊張やストレスにより胃腸や呼吸、循環器などに障害を来たす疾患）を生じる場合もあります。そのため、高木氏の指摘する、我慢をし過ぎないことが重要です。本人が過剰な我慢をしていたにもかかわらず、明るく振舞っている

第7章 メンタル強化を支える重要な要素

など、表面上、落ち込みを感じさせなくても、深刻な悩みに陥っている場合もあります。そのために重要なのは、指導者の存在、そして指導者の怪我に対する理解と同時に、椎原氏も指摘した（101ページ）調子を聞かれた場合に、「大丈夫！」と答えがちになるアスリート心理を知っておくことでしょう。これは決して簡単なことではありませんが、怪我の状態や心情など気にかけることが重要です。

怪我をしていない筋肉とメンタルを鍛える

　佐々木病院、横浜鶴見スポーツ＆膝関節センター理学療法士、スポーツリハビリテーション科科長の前田慎太郎氏は、学生時代、陸上短距離の選手として、県大会に出場するなど活躍していました。高校時代、さらに上のレベルを目指そうと練習に励んでいた頃、突然、強烈な腰痛に襲われました。後日判明したことですが、診断は腰椎椎間板症という腰の障害でした。当初は二、三日で治るのではと思っていましたが、歩行をはじめ日常生活に支障をきたす状態が1か月以上続きました。

　そのような状況の中、担当の整体師の先生に自分の体調のことを尋ねても、治るとも、治らないともはっきりしない答えが返ってくるばかりでした。漫画『SLAM DUNK（スラムダンク）』の主人公、桜木花道が怪我を克服していくシーンを頭に描き、何とか腰痛の克服を試みましたが、全力疾走など、とても無理な状態が続くという現実でした。そして高校時代で陸上選手としての一線を退くことにしました。この頃、部のために裏方に徹しよう！　と思いつつも、非常に悔しく、落ち込む自分がありました。しかし「腰痛は死ぬようなどん底の病気とは違う！　自分は、その経験ゆえに自分にしかできないことがあるだろう！」と、気持ちを切り替えました。

　スポーツが大好きな前田氏は、スポーツ関係の仕事に携わりたい、自分のように怪我で悩む方々のためになりたいと、現在の仕事を選択し、勉強に励んでいます。

　前田氏は、腰椎椎間板症で競技が続けられない苦しさを味わった経験を、

113

怪我をしていない筋肉とメンタルを鍛える

現在の仕事に強く生かしています。まずは明確な指示をすることを心掛けています。例えば「膝の手術を受けた場合は、通常、数か月で靭帯はくっつきますが、膝としての力は約2割落ちるので、その分、筋力とメンタルを鍛えることでカバーすることが重要です！」といった具合です。また前田氏は、腰痛で一線を退かざるを得なかった学生時代、弱気になり、不安や焦りなどで精神的に不安定になった経験を持ち、少なくとも当時はメンタルが弱い人間であると自分を捉えています。だからこそ、メンタルが弱い人の気持ちが理解でき、怪我で精神的に不安定な方々の複雑な心理状態が理解でき、精神のケアにつながることも少なくないそうです。

　特に怪我の急性期で、ショックや絶望感が一杯で泣きながら来院される方々は、自分の過去と重なり合うようです。そういった方々は治らないと思いがちの部分が多いので、治る点と治らない点を明確に説明することが大切と述べました。

第7章　メンタル強化を支える重要な要素

　前田氏にとって、過去に腰痛による苦しみを味わったことが、怪我に悩むアスリートの気持ちを理解できるという、大きな力になっています。このような経験を元にして、治る点と治らない点を明確にする、その時点、その時点で明確な指示を心掛ける、怪我を補う方法として、怪我をしていない筋肉を中心に筋力を鍛えると同時にメンタルを鍛えるといった重要な考えを指摘しました。

具体的なアドバイスを
　さらにスポーツトレーナーとして、多くの怪我に悩むアスリートをサポートしてきた佐々木洋平氏は
　「怪我をした選手には声のかけ方や説明の仕方なども注意するようにしています。選手はスポーツへの復帰直後や運動強度が上がっていくと、どうしても怪我の再発に対する不安がでてきます。そのときにただ『大丈夫だから』や『これをやらないと復帰できないよ』などの声かけではやはり選手の不安は無くならないと思います。こちらでもテーピングの方法や動きの種類でリスク管理をしているので、選手が理解できるように「今こういう状況でこの動きならそれほど負荷がかからないから大丈夫」など、安心して練習できるように説明しています」
　と、前田氏同様、トレーナーとして怪我の状態などを把握したうえで、具体的なアドバイスが重要と指摘します。選手とのコミュニケーションは重要ですが、漠然とした指示より具体的な意見の方が、怪我に悩む選手にとっては今後の方向性がつけやすくなります。同時に、佐々木氏は前向きな言葉を中心にアドバイスの言葉を慎重に選んでいるそうで、そういった一言も選手を勇気づけるでしょう。

　川俣氏、加藤氏、高木氏、前田氏、佐々木氏の指摘は、怪我で悩むアスリートへの接し方として非常に重要です。「いいぞ！」「だめだぞ！」といった、漠然としたアドバイス、根拠の乏しい「あのトレーニング方法が、お前の怪

115

我には有効と聞いたぞ！」といったアドバイス、「大丈夫！」など、淡い期待を抱かせる、その場、その場を応急処置的に乗り切るようなアドバイスは、その時点、時点をしのぐ上では都合が良いでしょう。しかし、長期的な観点に立つと、このようなアドバイスは、特に大きな怪我をしたアスリートをさらに路頭に迷わしかねません。むしろ「現状は、できない」「今は無理だ」という一時的には怪我に悩むアスリートをさらに落ち込ませる助言であっても、適切に現実を認識させることが大切です。

　怪我の状況については、トレーナーや医療従事者など専門家に、可能な限り的確で、具体的なアドバイスを求め、その上でリハビリやトレーニングを考えていくべきでしょう。「これをやれば大丈夫！」といった適切な方法が見つかりにくい場合も少なくありません。その際は、まずは比較的実現可能な所を目標にして、地道に進歩していくような方法を指摘していくことも大切です。具体例を挙げて、リハビリやトレーニングの選択肢を広げ、アスリート本人が考えて取り組むヒントを与えてあげることが必要です。

　しかしながらアドバイスが裏目に出ることもあります。例えば、「そろそろ全力疾走をしてみよう！」と、ダッシュをしたら痛みが強くなったなど。選手は「コーチのいう通りにやったのに、上手くいかなかった…」と、ショックに加え不信感をつのらせる場合もあります。その際は誠意を持って、その選手と向き合い、次の方法を考えていくことが大切だと思います。そして、場合によっては医療従事者のサポートを得て、信頼関係を保ち続けることが重要でしょう。

5. 女性アスリートの指導者として

　宮田ボクシングジムで女子ボクサーをサポートする雨宮良子氏。

　所属する女子ボクサーは、手首の骨折や肩の脱臼などの怪我を経験してきました。怪我の痛みは、生理の時期には影響を受けませんが、減量の際に体重が絞りにくくなり、また、精神的にも落ち込みがちになるそうです。

　それからボクシングという競技上、練習相手がどうしても男性になること

が多くなります。さらに女性がボクシング選手になるには、両親の了解や、自分や仕事との闘いが、男性のボクサーより大変と述べています。そんな環境ですので、怪我をしたことでメンタルのケアが十分にできないどころか、精神状態が余計に悪化してしまう場合も少なくありません。

そのためにも、女性アスリートに対しては、女性ということを理解できる指導者やチームメートの存在が必要であり、女性ホルモンバランスを踏まえたうえで、怪我への理解、時には減量に対してアドバイスを心掛けるべきと雨宮氏は指摘しています。

男性には理解困難で、女性でないとわからない問題も多いと思います。特に怪我をした際は、怪我の問題に加え、精神面で神経質になることも少なくありません。実際、女子ボクシング界では、スタッフが男性のみのジムでは、辞めていく方が少なくないようです。そういったことも影響してか、女子ボクサーの間では、所属ジムを超えて連絡を取り合うことが多いそうです。

ここ数年、様々な競技において女子チームに女性の監督、コーチが増えているのも、女性同士の方が競技能力向上の問題のみならず、怪我によるメンタルケアに対しても適切なアドバイスを送れることが少なくないからでしょう。また近年、ママさんアスリートも増加しており、妊娠や出産を考慮すべき場合があります。女性アスリートに対しては、状況により女性同士に任せることが大切です。

6. 子どもが怪我したときの家族として

子どもが怪我をした場合は、まず家族として、怪我の状態に理解を示すことが重要です。一方、過保護になりすぎると、「悲劇のヒロイン症候群」（後述）を生じかねません。このバランスは、とても難しく、個々の場面により判断すべきとしかいえません。

好ましくないのは、親が非常に弱気になることです。内心では不安を感じることは当然ですが、少なくとも、子どもの前では毅然とした態度で「私た

ちは、あなたの味方である」と安心を与える姿勢が重要です。
　そして子どもに対し、好ましい会話は
「あんな怪我をしたのに、よく頑張っているね！」
「普通なら挫折しているのに、凄いね！」
「あんた、何かを持っている感じね！」
　といったポジティブな努力についての会話です。
　逆に、好ましくない会話は
「全く、大切な時期に怪我なんかして～だめね～」と呆れ口調でいう。
「しっかりしろ！」と怒り口調でいう。
「根性がないから怪我をするのだ！」と怒鳴る。
　といったネガティブな結果についての会話です。

　子どもたちのポジティブな部分を応援・サポートし、ネガティブな応援・サポートは、控えるべきでしょう。保護者が子どもを褒めてあげると、子どもたちに良いイメージが植え付けられます。ただし、偽りの賞讃は、子どもに見抜かれ、逆効果です。具体的な過程を褒めてあげることが大切です。反対に子供を怒る、叱ると悪いイメージが植えつけられます。
　また、
「お前が怪我をしている間に、○○君は、どんどん伸びているぞ！」
「○○君は、お前と違って、しっかりと準備運動するし、しっかりと体をケアしているから、怪我をしないんだ。それに比べお前は何だ！　あの程度の練習で怪我をして！」
　など、他の子どもと比較することも、当人の心を傷つけます。
　ポジティブな会話の割合が多い場合と、ネガティブな会話の割合が多い場合では、数ヶ月、数年経ったときに違いがでます。
　親自身がプラス思考になり、子どもたちの努力、回復を褒め、良くなった点を強調し、プラス思考の言葉を使い、プラス思考のコミュニケーションをとることが重要です。また、怪我に対しての情報を学ぶことも大切です。

親が変われば子も変わります。プロセス重視で、子どもたちに気持ち良く怪我を克服する状況を作ってあげましょう。

それから、子どもが怪我をしたとき、
「この子の怪我は、あのとき、寝坊した私の責任だわ〜」
「あのとき、この子の好きなカレーライスを作ってあげれば良かった」
「私ってバカね。しっかりしていないからこの子が怪我したんだ」
などと親自身が自分を責める場面を時々、見かけます。特に母親に多い傾向があると思います。しかし、これは親にとってマイナス思考です。自分を責めるパワーを子どもの怪我のサポートなど、プラス思考に回すことが重要です。
　その他に好ましくないことは、子どもの前で担当医師や監督、コーチの悪口をいうことです。
　さらに、最近では怪我に悩む方々の様々な支援会も存在します。このような支援会で好ましいのは、保護者同士の協力的でポジティブな応援・サポートです。逆に好ましくないのは、非協力的でネガティブな応援・サポート、それから派閥を作り、いがみ合うことです。

サッカー
　Emma Natsumi Connelly 氏。
　中学生アメリカ女子サッカーチーム FC BLADES, Northwood High School soccer team のゴールキーパー。いつものようにハードな練習をした翌日、起き上がれないほど強烈な頭痛が出現し、サッカーどころか、学校へも行けず、日常生活にも支障を来たす状態になりました。アメリカでは、精神的な問題と診断され、有効な治療が施行されず、ただただ、苦しい症状を送る日々が続きました。その後、日本で脳脊髄液減少症と診断され、ブラッドパッチ治療を受けることで、頭痛が消失しました。

Emma Natsumi Connelly 氏のお母様は、

「私たちがしたことは、とにかく彼女が痛がっていることを理解してあげたことです。彼女の痛み自体はわからなくても、痛がっている状態に対し、理解しようと努めました。可哀想と甘やかしたことはありませんが、とにかく娘が痛みと闘っている日々は、心から応援しました。

　同時に痛みに効くといわれたものは、すべて試しました。鍼、漢方、中国から来たという痛み専門の医師などなど…。とにかく回りの人の理解は、とっても大事だと思います。特に、この病気は外からは見えないので、痛みを疑われることは、精神的に大きな痛手でした。

　娘は、周りにとってもいい人がたくさんいてくれたおかげで、何度も落ち込んでも立ち直ることが出来たのだと思います。なによりも高橋先生に出会えたことが一番娘を助けたのは確かですが！」

と、闘病中の頃を振返りました。苦しんでいる状況を理解し、甘やかすことなくサポートした姿勢は大切です。同時に、頭痛が軽減しない日々が続く中、親自身が情報を集め、効果がありそうな治療を試しました。最終的には、日本で脳脊髄液減少症の診断、治療を受け回復されましたが、克服には Emma Natsumi Connelly 氏の両親の強い愛情を感じさせるサポートが非常に大きかったと思います。

7. 目を鍛える

　目を衰えさせないことは重要です。目を動かすのも、焦点を調節するのも、神経と筋肉が行います。「眼力」という言葉がありますが、動体視力などの物を見る力は他の筋肉同様、鍛えれば強くなる一方、使わなければ衰えます。

　怪我をしてトレーニングができなくても、目を使うことが可能であれば、練習や試合、ビデオを見て動体視力を鍛える、目を衰えさせないようにすることは非常に大切です。また見ることは、イメージトレーニングにもつながります。

ボクシング

中には、目の怪我をする場合があります。

　プロボクサー（全日本スーパーフェザー級新人王、2007年Ａ級トーナメント・ライト級優勝）の熊野和義氏は、日本ランカーとして、一つでもランキングを上げていきたい大切な試合の1ラウンドに、強烈なアッパーカットをくらい、左目がみるみるうちに腫れ上がりました。試合中は、少し見にくいかな！　と感じたものの、目の腫れを気にすることなく試合に集中し、判定で勝利しました。

　しかし試合の翌日、左目はさらに腫れ上がり、目を動かすだけで、眼球に強烈な痛みが走り、気持ちが悪くなるといった症状も加わりました。すぐにある病院を受診しました。診断は「眼球周囲の骨折である『眼窩底骨折』で、手術が必要！」熊野氏は、医師の思わぬ言葉に、「なんと

プロボクサーの熊野和義氏

121

か幻であってくれ！　誤診であってくれ！」と祈るように、他の病院にセカンド・オピニオンを求めました。

　しかし、そこでも同じ診断でした。初めて手術を要する怪我に、引退の危機を感じて頭の血が一気に引き、倒れそうになるほどのショックを味わいました。さらに目の腫れが引いて両目で物が見えるようになると、左側の目が十分に動かないため、特に上を向いたときに物がダブッて見える複視という症状に気付きました。複視は、ボクシングを続けるためには非常なハンディキャップになります。なぜならボクシングでは、基本的に顎を引いた構えで上目使い気味に相手を見るため、なおさら相手のパンチが二重に見えがちになるからです。熊野氏は苦悩の末、大好きなボクシングを続けるためには、手術をして眼窩底骨折を治さなければならないと現実を認識して、入院、全身麻酔による手術を受けました。

　手術は上手くいったものの、複視は持続しました。そこから、眼球を動かすリハビリを重ね、時間をかけて視野を広げていきました。さらに徐々に物が二重に見える状態に慣れるよう、慣らすよう、日々の眼球運動を含めたトレーニングに励みました。そして少しずつ見る機能は改善していきました。現在でも、複視は残っているようですが、ほとんど気にならない状態だそうです。そして、プロボクサーとして復帰し、勝利を重ねるなど活躍中です。

　熊野氏は、この怪我をきっかけに、ボクシング人生でプラスになった点があるといいます。以前は、少しくらいのパンチはもらっても良いと考えていましたが、好きなボクシングを続けていく以上、致命的なパンチをもらわないために、ディフェンスをより慎重に考えるようになったそうです。これは決して消極的な変化でなく、攻撃の幅を広げた上での姿勢であり、ボクサーとしての視野が広がりました。また、ボクシングを怪我であきらめなくてはいけないかもしれない…という、どん底を経験したことで、精神的にも強く、たくましいボクサーになりました。

　目は、いかなるスポーツでも重要です。眼窩底骨折は、吹き抜け骨折とも

呼ばれ比較的多い怪我です。またそれ以外の目の怪我により以前と見え方や視界が変わることもあるでしょう。リハビリで回復が期待できる目の怪我もありますが、治療やリハビリには限界がある場合もあります。目が見えにくいと目が疲れて頭痛などにもつながり得ます。手足の怪我のリハビリとは違った苦しさが伴うこともあるでしょう。しかし熊野氏のように複視が持続しても、決してそれを悔んだり落ち込んだりすることなく、むしろボクシングを続けるという強い目標のために、その状態に慣らしていく姿勢は大切です。

8. 自分の体を知る

　自分の体の状態を知ることは重要です。怪我の病態、たとえば骨折なのか、肉離れなのか、捻挫なのか、脱臼なのか。その場合、どのような対処をすべきなのか？　例えば、肩の脱臼の場合は肩の筋肉を鍛え、脱臼が再発しないようにするなど、怪我の状況により大切な対処法があります。医師やトレーナーに、怪我の状態や、回復のため、または再発させないようにするために何が必要で、何をすべきか確認するべきです。

　ただし、多くの方々が大まかな指導を得られると思いますが、個々の体調に応じた細かな調整に関しては、体調と相談しながら自分で考えていかなくてはいけない場合も少なくないでしょう。

　私は大学1年の4月にバドミントン部に入部し、すぐに試合に出していただきました。しかし、試合中に後方にさがって右足で踏ん張ったときに右足底筋断裂という、足の裏の筋肉の肉離れを起こし、全治3ヶ月との診断を受けました。足底筋断裂は、練習不足の状態で、いきなり激しい運動をしたときに生じやすい怪我です。入試が終わり春から練習を始め、まさに体が充分にできていない状態での試合出場でしたから、考えてみれば怪我をしやすい状況でした。

　夏に目標としている試合があり、出場できるかどうか微妙な状態で不安な日々を過ごしました。1ヶ月位経過し、ようやく足をついて歩けるようになり、その数週間後から練習に復帰しました。

右利きのバドミントンプレーヤーにとっては、右足は、前に出たときや、後ろに下がったときに踏みとどまって、またホームポジションに戻らせる大切な機能を担います。

　そして、フットワークで後方に下がる練習をすると、筋肉の断裂部に痛みと不安を感じました。その際、踏ん張ったときに足底の筋肉があまり伸びないようにすれば、負担がかからないと実感しました。そこで、自己流で足底の筋肉が伸びないようなテーピングを工夫しました。試行錯誤の末、単純に足底の筋肉を中心にテーピングでぐるぐる巻きにする方法が自分に合い、なんとか夏の試合出場に間に合いました。

　余談ですが4月の試合後、全く表舞台に立つことがなく、無名な存在で試合に臨めましたのでノーマークが幸いし、まずまずの成績を収められたという、ちょっとした「怪我の功名」も味わえました。

9. ネットワークの利用

　現在は情報化社会です。同じ怪我に悩む方々と、治療やリハビリなどの情報を共有することができます。同じ境遇の方々と情報を交換し、理解し合うことで、ストレスを多少なりとも解消できるという声をよく耳にします。情報が集まると、なかには具体的な解決策までアドバイスしてくれる方が現れる場合もあります。一方で読んでいて非常に不安になる情報もあります。

　また同じ怪我でも、重症度や個人差により同じ情報でも効果が変わってきます。例えば、

「腰痛には、○○療法が非常に良い！　私は○○療法で、腰痛が完治しました！」

といった情報で、実際に効果がある人もいれば、ない人もいます。中には、悪化する人もいます。

　また「△△治療は良い！」と同時に、「△△治療は良くない！」と真逆の情報が流れる場合もあり、混乱を招くことがあります。

　ネットワークは非常に便利ですが、必要以上に惑わされず、自分に合う情

報を選択することが重要です。不安が強まる、自分がだめになりそう、などといった情報は、蚊帳の外に放り出すこともときには大切です。また、多くの方々に効果がある方法でも、自分に合わないと感じたら、続けない方が良いでしょう。

10. 発散

　明るく、前向きに…いうのは簡単ですが、時には、明るく振舞っているつもりで、自分自身を苦しめていることがあります。周囲に対して明るく振舞うために、またはチームメートに心配をかけさせたくないと思うあまりに、ストレスを自分の内に溜めてしまうこともあるかもしれません。また明るく振舞って、自分の中では発散させていると思っていても、逆にストレスをためていることがあります。そしてストレスが過剰にたまると、体調を崩します。

　また自分の専門種目に対する想いが強ければ、強いほど、専門種目に対して頭を使う、考える時間の割合が多くなります。一つのことに頭を使い過ぎると、脳が疲労し、鬱状態に陥ることもあります。高木大成氏（22ページ）、釘崎康臣氏（52ページ）のように、専門種目のことを考えないようにするのも、場合によっては必要です。

　不安や悩みなどを一人で抱え込まず、家族や友人に吐き出し、ストレスを発散させることは重要です。泣きたいときは、思いっきり泣くことも必要です。ネットワークを利用しても良いでしょう。また趣味に打ち込むこともストレス発散には有効です。

　前述の好きなこと、楽しいことをするや、発想の転換、セルフトーク、笑いなどを併用して、上手くストレスを発散しましょう。

競馬

　競馬騎手の梶晃啓氏。

　競馬騎手は、馬に乗るとき、中腰の姿勢を維持するため、腰痛を持ってい

る方が少なくありません。梶氏も例外ではなく、慢性的な腰痛を抱えています。そんなある日、強烈な今まで経験したことのない腰痛に襲われました。病院を受診すると、腰椎椎間板炎という腰の障害で、約1か月の休養を要するという診断でした。

競馬騎手の梶晃啓氏

　このまま腰痛が治らなかったら…などの不安や、早く現場に復帰したいという焦りが梶氏に付きまといましたが、ここは休養が一番大切との医師の指示を守らなくてはなりません。そこで、不安な気持ちで時間を過ごすより、思い切って楽しもう！　と気持ちを切り替え、1週間の沖縄旅行を満喫されました。同時に、シーズンオフのない競馬騎手にとって、苛立つ気持ちを思いっきり発散できたそうです。その後に腰椎椎間板炎も治り、心身共にリフレッシュして、現在も現役騎手として活躍中です。

　このように怪我や痛みと闘っている時期に様々なことに悩むより、思い切って楽しもう！　と、気持ちを発散させることも大切です。

11. オーバーワーク

　早く練習に復帰したい！　目標を早く達成したい！　早く試合にでたい！　などの思いが強過ぎると、時にオーバーワークになります。動き過ぎ、練習のし過ぎのことです。オーバーワークは、時に怪我の状態のみでなく体調を崩し、かえって復帰を遅らせることがあります。はやる気持ちを抑えることも、場合によっては必要です。

　怪我を何度も経験されている方は、どのように練習をコントロールしてい

くべきかなど、理解している場合がありますが、怪我の経験が乏しい場合は、どのように行動すべきか判断に迷うと思います。必要に応じて、監督、コーチ、先輩などに相談したり、リハビリテーション・スタッフに適切なプログラムの指導を受けたりしましょう。

ラクロス

武庫川女子大学ラクロス部から現在、社会人女子ラクロスチームMISTRAL所属、2005年、2009年、ラクロス女子ワールドカップ日本代表の和田亜紀子氏。2005年のワールドカップでは、「日本のエース」として日本を史上最高順位の5位におしあげ、さらに日本人としては初めて'All-World Team'世界選抜メンバーに選ばれました。

ラクロスの和田亜紀子氏

2009年のワールドカップでは、より上位を狙うべく、ハードな練習に励む日々が続きました。ワールドカップを2カ月後に控えたある日の練習試合中、グラウンドボールを取り合う際に、右膝を痛め、激痛で悶絶しました。病院では、右膝靱帯の損傷「右前十字靱帯不全断裂で全治8カ月」の診断でした。

診断を聞いた直後は絶望感にただただ悲嘆に明け暮れるのみでした。しかし、4年に一度の大きな目標としていたワールドカップ出場、そして日本チームを上位に！ という強い、強い夢のため、それまでに厳しい練習に耐え、多くを犠牲にしてきました。そして、こんな怪我でワールドカップ出場をあきらめたくない！ 悲しんでいても前に進まない！ 何とかしたい！ との

想いが日増しに強くなっていきました。

　ただ、この全治8カ月と診断された膝の怪我、2カ月後には何とかなるのであろうか⁉　嵐のような不安に、吹き飛ばされそうでした。しかしある時期からは、「悩んでいるだけで魔法がかかったように、痛みが消えることはない。一方でオーバーワークは、かえって怪我を悪化させる！」「焦らずに地道に一歩、一歩、リハビリを進めることが大切！」と、現実を踏まえたうえで、どうすべきかを冷静に考えるようになったそうです。

　それから、ワールドカップまで2か月という時間の中で、懸命のリハビリがはじまりました。リハビリ中、どこまで回復するのか、強烈な不安や焦りが常に伴いました。一刻も早く回復して復帰したい想いと、不安を消したい衝動から、もっとリハビリをしなくては！　練習をしなくては！　と、オーバーワークになりそうなことが度々ありました。しかしその都度、無理をして怪我を悪化させないよう、周囲からブレーキがかかりました。そしてトレーナーと協力して、その段階、段階でのベストな練習、リハビリを心掛けました。このようにして階段を一段、一段昇るように少しずつできることを増やしていき、それを自信に変えて不安や焦りを消し去るようにしていったそうです。

　そして2009年のワールドカップ本番をむかえました。膝には痛みが残り、パワーも落ちていて、とても万全な状態ではありませんでしたが、強い気持ちで強行に出場しました。一方で、右足が十分に踏み込めない、足の体力がまだ回復していないという自分の膝の現状を冷静に認識し、その状態で、いかにベストパフォーマンスをすべきかを考えました。試合時間のすべてに集中し、動き回るといった万全な体調でのプレースタイルは、現状では、とてもできないし、やったとしても途中でつぶれてチームに迷惑をかけてしまうのが明らかでした。そのため自分が関わるべき得点機に集中し、確実にゴールを狙うという戦略で臨み、ワールドカップ得点ランキング2位の22得点、さらに8アシストをあげる活躍をみせました。

また、和田氏は「もし、2009年のワールドカップで、自分の満足できるプレーができていたら、私はラクロスを辞めていたと思います。しかし、次のワールドカップを目指して頑張っている自分がいるのは、怪我をしたおかげです」と、怪我をしたことを、次につなげる機会であったとプラスに解釈されています。

　4年に一度開催されるワールドカップ直前での怪我。また日本チームのエースとして期待されていたというプレッシャーも相当であったと思います。そんな状況では、不安や焦りが先行しがちで、それを消去するためにオーバーワークになることが少なくありません。無理のし過ぎにならず、一方、トレーニング量が不足しないような適切なトレーニングやリハビリの設定は、難しい場合が少なくありません。和田氏の場合、自分の体調を踏まえ、オーバーワークにならないように、トレーナーとともにリハビリを進めたことが、怪我をして2か月でワールドカップに出場できた、一つの大きな要因でしょう。

　また全治のイメージ、体調万全のイメージが強すぎると、できていない状態に目が行きがちになり、焦りを強めかねません。和田氏のように、地道なリハビリにより一歩、一歩できるようになったことを認識し、それを自信に変えていくといった考え方が重要です。

　ときには故障を抱えるなど、体調が万全ではない状態で試合に臨まざるを得ない場合があります。その際には、故障の不安を強めるのでなく、現状でいかにベストなプレーをすべきかを考えるのが大切です。2009年ワールドカップでの和田氏の活躍は、怪我の現状を鑑み、自身の万全な状態でのイメージを捨て去り、現状でのベストを尽くすべく、ポイント、ポイントで集中力を発揮すべき！　と考えた結果の賜物であると推察します。

12. 復帰

　リハビリ生活から、いざ、練習に復帰へ！　という段階が近づいたとき、

自信を持って復帰する方はほとんどいません。多くの方々は、怪我が再燃しないか、以前のようなプレーができるかなど不安で一杯です。しかし、ある程度状態が安定したら、思い切って復帰してみることが大切な場合があります。その際には、堀池勇平氏（83ページ）のように、練習に復帰をする前に、復帰した場合のイメージを持つことが大切です。ただし、失敗イメージが強いと逆効果です。成功イメージを強く持ち、また、失敗イメージがあれば、それにいかに対応するかをイメージできるとさらに良いでしょう。

　例えば、「ジョギング中に気分が悪くなる」といったイメージがあったとしても、それに対して、「気分が悪くなったら、休めばいいや！」と、対応方法をイメージできると楽な気持ちで復帰できると思います。

　また練習復帰当初は、体力が低下しているため普通に行っていた運動がきつく感じたり、だるく感じたりなど、しんどい思いをされる方が多いという認識をある程度もたれると良いかもしれません。

13. 自分を責めない　被害者意識を最小にする　悲劇のヒロイン症候群

　怪我をした場合、何かに怒りのやり場を持っていくことは当然ですが、その思いが強すぎるのはマイナス思考です。「あのとき、あのプレーをしなければ…」「あそこで、あいつがスライディングしなければ…」など考えていても、時間は元に戻りません。また「あの練習やプレーをしなければ…」「あんなことで怪我をしてしまうなんて、なんて自分は未熟なのだ…」など自分を責めていても前に進みません。怪我をしたことは、通常、悪いことではありません。自分を責めずに、プラスに転じる考え方が大切です。

　ときには不可抗力により怪我をされる場合もあると思います。いわゆる被害者的に怪我をさせられることもあるでしょう。そのような状況で、被害者意識をゼロにすることは、困難な場合が少なくありません。しかし、その精神状態をいかに最小限にとどめ、怪我をサポートしてくれる方々や理解を示してくれる方々への感謝に転じるなど、気持ちをコントロールすることが大

第7章　メンタル強化を支える重要な要素

切です。また、「あの怪我のために俺の人生をむちゃくちゃにされたくない！立ち直って楽しい人生をおくるぞ！」と、考えを転換するのも一つの方法です。

ちなみに交通事故などの外傷後の社会復帰率は、自営業で高く、労災では低く、また、訴訟社会の強い国ほど、外傷後の不定愁訴は多いといわれています。この事実は、人として精神、気持ちの影響が左右していると考えるべきです。

さらにマイナス的な思考が強くなると、悲劇のヒロイン症候群という、自分が一番不幸であると考え、自傷行為など他人の目を惹こうとするなど、自ら悲劇のヒーローもしくはヒロインになりきる症状があります。

私としては、怪我や病に悩んだとき、このような考えをもたれるのは理解できます。

余談ですが、思い出すのは、私が中学3年生の夏、某病院で心臓疾患を疑われ、秋には手術を宣告されました。それまで、バドミントン部と陸上部を掛け持ち、連日、朝から晩までの練習をこなしていましたが、運動は即禁止、ドクター・ストップがかかりました。

それより、心臓の手術を受けるという病の宣告、死の恐怖を味わい、目の前が真っ暗になりました。宣告を受けた当初、非常に投げやりになり、「俺は、この後どうなるのかな…。高校に行けるかな…。バドミントンや陸上はできるようになるのかな…。それより長生きできるのかな…。どうして俺だけが…。俺の辛さは誰もわからないだろう…」といった数々の思いは、今考えると悲劇のヒーロー的であったと思います。

しかし、不安や死と隣り合わせの恐怖は常にありましたが、家族や中学校の恩師、友人たちに支えられ、何とか病気を克服しよう、心臓手術を乗り切って今まで通りの運動や勉強はできないかもしれないけど、できることを頑張ろうと、中学生ながら考えていたことを思い出します。

実際は2週間後の精密検査で、全くの誤診であることが判明し、現在に至

っています。しかし、この2週間は私にとって、病に悩む辛さを実体験した貴重な時間と考えています。

　話はそれましたが、「悲劇のヒロイン症候群」的な感覚になることは、理解できますが、その状態を継続するのは、決してプラスになりません。自分の苦痛に対して知らず知らずに、負の暗示をかけ、負のスパイラルに陥ります。何より、自分が発展する可能性を無にしてしまうばかりか、新たな症状が加わり、治るものも治りません。苦しみの原点、本質と向き合い、少しずつメンタルを鍛え、不幸感から抜け出すことが大切です。
　また、怪我を自分のセールスポイントにしている方も時々見かけます。そのため、本来は怪我が治癒しているにもかかわらず、まだ、状態が不安定であるといいます。さらに、重症感を漂わせる方もいます。
　偽ることは、考え方としてはマイナスですし、今後の人生にも決して有益でありません。目先の問題も重要ですが、数ヵ月後、数年後を視野に入れ、地道に頑張るべきです。

14. 復帰が絶望的な怪我をした場合

　アスリートとして致命的な怪我をした場合、心中察することができないほど、強烈な落ち込みでしょう。やけになったり、荒れたり、何もしたくない、手につかないといった気持ちになっても不思議ではありません。しかし、そのような逆境を乗り越え、第二の人生を歩まれている方々がいます。この項では、怪我でスポーツを続けることができなくなっても、その後に、他の分野で活躍している方々の経験を紹介します。

アメリカンフットボール
　吹田マーヴィーズ代表取締役の元野勝広氏。学生時代から、アメリカンフットボール選手として活躍していました。元野氏は、大学卒業後は、絶対にプロのアメリカンフットボール選手になり成功する！　と、考えていました。

これは、夢なんて甘いものでなく、絶対に現実にするという強い意志でした。そのために、非常な努力を積み重ね、ようやく5年越しの恋を実らせ、LOS ANGELES AVENGERSというアメリカのアリーナフットボールリーグ（AFL）のチームとプロ契約を結びました。

プロ契約から2か月経過し、華々しいデビューが近くなったある日、練習中に頭を強打しました。その後から、頭痛、めまい、目のぼやけなどが出現し、アメリカンフットボールどころか日常生活に支障をきたす体調不良が続きました。これらの体調不良の原因は脳脊髄液減少症でした。ブラッドパッチ治療を受け体調は回復に向かいましたが運動には支障をきたす状態で、プロアメリカンフットボール選手の夢をあきらめざるを得ませんでした。

　当時の心境は、悔しいという言葉では表しきれない強烈な失望感、非常な落胆でした。その状態を乗り越えるために、悔しい、辛い日々の中、自分と向き合い、自分の体調、現状を1年かけて認識しました。

　また元野氏は、体調不良の頃から日記をつけており、辛さに苦しんでいる自分、焦っている自分などを、一歩引いた視点から時系列で客観的に評価するという作業、そんな毎日の積み重ねが、もうプロのアメリカンフットボール選手としてプレーできないという現実を認識するのに役立ったそうです。そして現実を認識することで、次のステップに進めることができたと話しました。

　その後は自分の現在の体調で、できることについて考えるようになり、そ

元野勝広氏

の頃から、怪我をしたことに対して、あーしておけば良かった…あれをしなければ良かった…などという後悔を一切やめました。また、目先の治療に目がいくと、どう生きていくかという将来像がぼやけると感じたため、どうしたら治るかでなく、どういう生活をしたいのか、どういう仕事をしたいのかを考えるようになりました。そして元野氏はスポーツに関わる仕事をしたいという目標を掲げ、目標を達成すべく、努力、行動をされました。

　さらに、ある時点で怪我が治ったと自分の中で決め込み、怪我のことを一切考えず、元気な自分をイメージしまくり、怪我を自分の中から排除したそうです。そのような過程を経て、現在、吹田マーヴィーズ代表取締役として活躍しています。

　最後に元野氏は「怪我をしたことがチャンスと思えるまで1年かかり、現在では怪我をしたことに感謝しています」と述べました。

　スポーツ選手としての復帰が絶望的な怪我をされた場合、落胆は人として当然です。しかし、いつまでも落胆の日々が続くと、人として発展しません。元野氏は脳脊髄液減少症を患い、現役選手としての復帰は絶望的でした。しかし、現在の活躍に至るには、前述の、現実認識、現実に沿った目標設定をして努力したことが重要であったと思います。その他、イメージトレーニングや前向きな考え、日記をつけるといった、スポーツ心理学で重要な点を実践しています。元野氏は、自分は精神力が弱いので、現実を認識するのに1年かかったと謙遜しますが、現在の活躍に至った経緯は、強靭なメンタルの強さがあってのことと思います。

野球審判

　茨城県内の審判トレーニング団体であるUMI所属口町吏生氏。野球のトッププレーヤーを夢見て、日夜、野球に明け暮れていたある日、腰痛、両足に力が入りにくい感覚が出現し、練習どころか日常の生活にも支障を来たしました。病院を受診すると、腰の障害である「腰椎椎間板ヘルニア、腰椎分

離症」の診断でした。その後、数か月にわたり、理学療法やリハビリを施行しましたが、腰痛などの症状は頑固に残りました。口町氏は、野球を続けたい！という気持ちがある一方で、この状態で野球を続けられるか、実際の腰の症状と自問自答すると、不安で一杯でした。相当な葛藤を繰り返しましたが、強い、激しい運動で腰痛が出現する現実を受け入れなくてはなりませんでした。

そのときに、
「怪我をしたことで、ぐれたり、荒れたりは絶対にしたくなかった」
と、真っ先に考えました。

そして目標を今までの一流野球選手から野球に携える、特に選手以外でグラウンドに入ることができる唯一の仕事、野球の審判へと定めました。

現在、中学時代に一流野球選手を目指していたとき以上の情熱で、野球の審判として活躍するべく勉強に励んでいます。

怪我を理由にぐれたくない！　野球界から退きたくない！　口町氏が怪我で悩んでいた頃に、常々、考えたことだそうです。アスリートとして練習ができないというやり場のない鬱憤を、人や物にあたるといったことで晴らしていくという方々も少なくないでしょう。しかし、現状で何が可能か？　将来はどうしていくのか？　に目を向けていき、新たな目標にエネルギーを注入していくための意識の転換が重要でしょう！

サッカー

横浜青葉接骨院院長、中島英貴氏は、子どもの頃にサッカーをはじめ、高校を卒業後、さらにサッカーの技術を高めたいと、単身、ブラジルに渡り、FCアメリカでサッカー留学をしました。そのときに一緒にプレーをした日本人に、日本代表などで活躍された中澤佑二さんがいました。

ブラジルでの生活は、食生活や言葉の問題に加えて、チームからほとんど相手にされない、全くとけ込めないなどマイナスからのスタートで、しかも

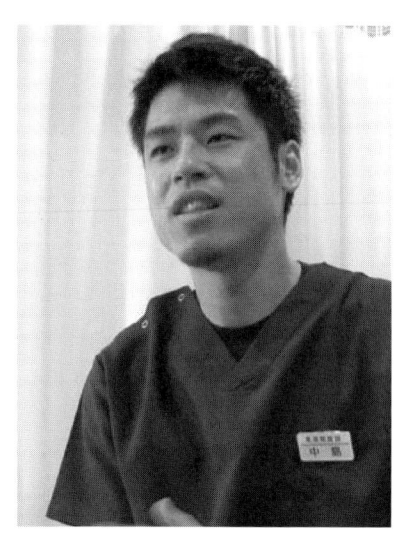

中島英貴氏

体調不良を併発し、留学開始から約1カ月間は、ほとんど寝たきりの生活でした。

また練習にでると、右足の親趾の骨折をするなど、留学1年目は、ほとんど結果らしい結果を残せず散々でした。

しかし中島氏は、体調不良や骨折の怪我の時期、またチームから相手にされず練習ができない頃、徹底的にメンタルとイメージを集中して鍛えました。

留学2年目からは、少しずつチームにもとけ込み始め、練習もこなせるようになり、サッカーの技術を高めていきました。そして、中島氏の実力も徐々に認められていき、ついに南米のプロサッカーチーム、サンタテレーザと契約し念願のプロ選手としてピッチに立ちました。

中島氏が出場した最初の試合、自分の実力を存分に発揮しようと、ピッチを駆け回りました。しかし、試合の途中でアクシデントが中島氏を襲います。なんと、左膝の靱帯（側腹靭帯）を損傷してしまいました。中島氏は痛みをそれほど感じなかったし、このチャンスを生かすべきと、監督に膝の怪我を申し出ず、燃えに燃え、そして貴重なゴールを決めました。

ゴールの興奮も冷めやらぬ試合後、左膝の痛みと不安定性が残りました。ブラジルで1カ月、さらに帰国し、浦和レッズのトレーニングコーチの元で、3カ月のリハビリを経て、あのブラジルでのゴールを決めたシーン、活躍した体験をもう一度と、希望に燃えて再びブラジルに渡りました。しかし、厳しい現実が待っていました。膝の故障を抱えたままの中島氏と、プロ契約するチームが現れませんでした。そこで中島氏は、サッカー選手としての道を

あきらめました。

その後、別の分野で頑張ろうと柔道整復師の道を選び勉強を始めました。あるとき、テレビで日本代表として活躍する中澤佑二選手の姿を見ました。サッカーを続けることをあきらめてしまった自分に対し、あきらめずにサッカーを続け活躍する中澤選手の姿を見るのは、とても、とても辛いものがありました。サッカーをやめたことに対する後悔は今でも非常に強く、「もし人生をやり直せるなら、とことんサッカーをやり続ける」と語るほどです。

しかし、このサッカーをやめた経験は中島氏の人生に、強烈な影響を与えています。中島氏は柔道整復師として世界のトップになるまで、あきらめない、貫き通す！　という強い意志のもとに、日々、診療のみならず、学会や研究会に参加するなど勉学にも励んでいます。

サッカーを続けるか否かの状況は、当の本人しかわからない難しい問題があったことでしょう。中島氏はあきらめたといいますが、そんな言葉で片付けられるほど、簡単な問題でないと思います。やめる勇気は、続ける勇気よりも大きいとさえいわれます。非常に辛い判断であったと推測します。

大切なのは、一生懸命にサッカーをされ、将来を真剣に考え、サッカーを続けられなくなった経験をその後の人生に強く影響させていることです。中島氏の座右の銘「あらゆるとき、あらゆる場所で、あらゆる事柄に最善をつくす」は、中島氏の栄光と挫折の経験から得た重い言葉と感じます。

陸上長距離

元山梨学院大学駅伝部、元NTT東京陸上部、山梨学院大学時代には2回、箱根駅伝に出場するなど長距離ランナーとして活躍した鳥山晋氏。

社会人チームに入り、今後の発展に向けて練習中に右足首を負傷、右足関節内側の三角靭帯損傷の診断でした。手術治療という選択肢もありましたが、手術をしても100%治る保証はないと説明を受け、まずはリハビリテーショ

ンを行いました。しかし1年半ほど経過しても、一向に状態が改善しません。また監督から「まだ復帰できないのか!」という言葉が非常なプレッシャーとして、鳥山氏に重くのしかかりました。そこで、それまでかなり躊躇していた手術を受けることにしました。手術後は、期待に反してあまり足の具合が改善せず、納得のいく走りができない状態が続きました。

そして手術9か月後に、周囲の反対を背に引退を決意しました。この決断には、様々な想い、葛藤があったと想像しますが、鳥山氏は、「自分は深く物事にこだわらない性格である」と述べており、引退は全く後悔していないそうです。むしろ、過去にこだわり、あれこれ考えていてもしょうがないので、その分、向上することを考えていくことが大切だと述べています。もちろん、陸上競技を通して学んできた多くの事々は、その後から現在への人生に生かされています。そして、今後の人生にも生かしていくべきと考えています。現在は新宿七丁目バー「CORNER POCKET」でマスターを勤めるかたわら、市民ランナーに走る楽しみを教えています。

鳥山晋氏

　自分の体調は自分でないとわからない部分があります。周囲から見ると、まだまだ頑張れると映っていても、実際には微妙な部分で悩まれることもあるでしょう。選手としての人生は、いつかは終わるものです。その際、鳥山氏のように過去への後悔でなく、将来へ、いかにつなげていくかに目を向け

ることは大切です。

野球

　某アトリエ教室室長の村田弘幸氏。貧しさから生活が荒れ、友達と呼べる友達がほとんどいない中学時代を経て、高校に入学しました。

　高校で野球部に入部した村田氏は、この野球こそが自分を高め、自分の力を世間にアピールする可能性を感じ取り、黙々と厳しい練習に耐え、励みました。この努力は徐々に実を結んでいき、投手として頭角を現していきます。そして村田氏の投じる剛速球は、周囲から注目を浴び始めました。

　ある日、某プロ野球球団が村田氏に興味を示したという話が浮上しました。その途端、それまで村田氏のことを「悪がき」扱いしていた、親族を含めた大人たちの目が、「英雄」へと変わりました。しかし一転、悪夢が村田氏を襲います。甲子園、そしてプロ野球選手へと努力を重ねていたある日、利き腕の右肩を壊してしまいました。剛速球投手が、ボールを30メートルも投げられない状態になってしまったのです。それを知った大人たちは、潮が引くように離れていきました。それだけでなく村田氏を、あたかも「A級戦犯」といった扱いをする者もいたそうです。

　高校生という多感な時期であった村田氏は大きく傷つき、極度の人間不信に陥りました。肩を治してまた野球をやろうという気は全く生じず、怠惰な囁きに導かれるまま、再び荒れた人生に戻ってしまったのでした。特別な目的もなく、気持ちも生活もますます落ち込んでいき、1年、2年と時間だけが経っていきました。

　この村田氏を変えたのは人でした。小学校中学校と同級で、某大学のラグビー部で活躍していたA氏は、荒れている村田氏に近づき、食事に誘いました。さらには、幼稚園から中学校まで同期で、医学部に入学したB氏とも一緒に酒を交わしました。このA氏、B氏の存在が村田氏に、「俺にも友達がいたのか」という感動を呼び、同時に、「同じ学校を出た彼らはこんなにも頑張っているのに、俺は何をしているのだ。肩を壊したというだけでは

ないか」と、自己を省みる気持ちが生まれたのでした。さらには、「彼らは信用できる。というより、彼らとは絆があるかもしれない」という、今まで、友達がいないと思い、なかなか人を信用できなくなっていた村田氏に、衝撃的ともいえる感情が頭の中に響きました。

　それ以降、荒れた生活を一変させ、バカなことは一切考えなくなりました。そして、「今の自分ではＡ氏やＢ氏に会える立場ではない。彼らと付き合っていくためには、まず自分を高めなければならない」と考え、デザイン、美術を学び始めたのでした。

　もちろんデザイン、美術の修行は、決して平坦な道ではありませんでした。荒れていた頃の村田氏を知る人々から誹謗されることもあり、時にはぶん殴ってやりたい程の屈辱を感じることもありました。経済的にも貧乏生活を忍ばなければならず、まるで血を吐くようなどん底の生活を味わいました。

　そんな生活ゆえ、苦しいこと、つらいことは星の数ほどあります。そんな経験を、「俺はこれだけしんどい思いをしてきのだ」と、部下に強いる上司もいますが、村田氏はつらいことを同僚や部下たちには味あわせないようにと考えています。その、波瀾万丈な経験が負の作用とならない村田氏の考え方に、現在のアトリエ教室室長としての活躍があると思います。

　怪我をきっかけに、人生そのものが変わる、周囲の目が変わるといったことは少なくありません。中には目標を失い、荒れた生活を送る人もいます。しかし、スポーツを頑張ってきた人たちには、スポーツで鍛えた強さがあります。村田氏は、同級生の存在がきっかけになったとさり気なくいいます。しかし、ゼロから、というよりマイナスからの第二の人生は、内面から湧き上がった「このままではいけない」という思いを足がかりにして、泥水をするような経験に耐え、一歩一歩頑張られてきたのでした。そんな村田氏には、投げかける適切な言葉が見当たらないほどです。

第8章

怪我に悩んでいるアスリートへの助言

　ちょっとした一言が、悩んでいる人を励ましたり、勇気づけたり、気持ちを楽にするといったことは、よく耳にします。またある言葉により励まされ、立ち直るきっかけにしてきたという方々も少なくありません。特に、絶望の淵に立つような極限状態のときに必要なのは、一行の詩であり、歌であるといいます。この章では、スポーツ界に関ってきた方々などから、「怪我に悩むアスリートに向けての一言」というテーマで、貴重なコメントをいただきました。頑張ろう！　気持ちが高まる！　といった言葉をどんどん取り入れ、良い刺激としてください。また、その中から自分の気持ちに響く言葉を紙に書いて、目につきやすい所に貼って、フォーカル・ポイントとして活用することも一つの方法です。

怪我は過去の出来ごと

　最初は、スポーツメンタルトレーニングの第一人者、東海大学体育学部教授、メンタルトレーニング・応用スポーツ心理学研究会代表・事務局、高妻

東海大学体育学部高妻容一先生

容一先生からの、ケガに悩んでいるアスリートへの助言です。

「最初に、質問です。『あなたは、ケガをして落ち込んだことがありますか?』もし、『Yes』であれば、なぜ落ち込んだのですか? 誰かが、あなたに『ケガをしたら落ち込め』というアドバイスをしましたか? どこかの本に『ケガをしたら、落ち込め!』と書いてありましたか? それなのにケガをして落ち込む選手がいるのです。不思議だと思いませんか? それとも、ケガをして落ち込むのが当たり前だと、あなたは考えていますか?

ケガをして『ラッキー!』というプラス思考は、できないものでしょうか? スポーツ選手にとって、ケガは当たり前のこと(想定内)と考え、自分が自分の限界以上のトレーニングをしたから・チャレンジをしたからケガをしたのであるというプラス思考はできませんか? もちろん、気を抜いた、集中力を切らした、油断したためにケガをすることもあるでしょう。このことからは、自分のメンタル面が弱かったために起こったケガだ、これを機会に「メンタル面を強化しよう」と考えることはできませんか? もし、足をケガしたなら、上半身のトレーニングができるなど、普段できていない部分の強化ができると考えるのです。これもプラス思考のトレーニングをする考え方です。

またプラス思考のトレーニングには、『自分がコントロールできることを考えましょう・やりましょう』という大事な考え方があります。

自分がコントロールできないことを考えることは、時間の無駄です。ケガをしたことは、「過去」の出来ごとです。あなたが何を考えようが、何をしようが過去は2度と戻ってきません。つまり、過去はコントロールできないことなのです。もちろん、過去を反省し、次はこうしようという『現在』の

第8章　怪我に悩んでいるアスリートへの助言

怪我は過去の出来ごと。過去はコントロールできない

考え方をすることは可能です。このことから、あなたが今の考えをポジティブ（プラス思考）にすることはコントロール出来るのです。もちろん、あなたの「未来」も現在のあなたが考えることは出来ますが、未来をどうかすることは不可能です。つまり未来もコントロール出来ないことです。

　具体的にいえば、「何でケガをしたのか？　何でオレが、こんな目にあうのか？」など過去のことを考えるだけ時間の無駄ですが、「いい経験をした、これを次に活かそう！」と考える現在の考え方はコントロールできます。しかし、反省したから、未来は絶対大丈夫といいきることはできませんが、未来を楽しく希望のあるものとして今考えることはできます。
　このようなプラス思考のトレーニング理論から、『ケガを未来へのエネルギーにしましょう！』という考えかたが自然にできるように『トレーニング』します。多くの選手の事例から、一流選手は、ケガをエネルギーにしていることがわかります。この本もケガをして落ち込む・悩む選手に光（エネルギ

143

一）を与えてあげましょうという意図があると思います。

　ケガをしてやけになったり、スポーツをあきらめたり、リハビリを長引かせたりしていませんか？　ケガをして悩んでいる選手に何とかいい方向に向かってほしいという強い気持ちがこの本の内容だと考えます。

　もし、あなたがケガをして落ち込んだり、悩んだり、またリハビリで苦しんでいればこの本を読んで欲しいと思いますし、これをチャンスに『メンタルトレーニング』であなたのメンタル面の強化をして欲しいと思います。またこのことが、あなたが指導者になったときに選手の気持ちがわかる指導者として、素晴らしいアドバイスもできると思いますし、将来結婚して、自分の子供が同じようにケガをしたときに、その気持ちを理解し、具体的にこうしたらいいよというアドバイスができると思います。またこの本を読まれる選手だけでなく、指導者・トレーナー・ドクター・トレーニングコーチ・友人や家族も、この本から得たケガに対するプラス思考のアイディアが多くの選手や人を助けることになるかもしれません。

　ここで紹介したプラス思考のトレーニングだけでなく、イメージトレーニング・自信をつけるトレーニング・気持ちの切り替え（開き直り）のトレーニング、復帰後の心理的準備・セルフコントロール能力を高めるリラクゼーションやサイキング・アップのトレーニング・集中力のトレーニング、そして他人との人間関係をよくするためのコミュニケーションスキルなどのメンタルトレーニングは、あなたのパワーアップをするための強化法として役に立つと考えます。

　ケガをして、落ち込む暇があれば、メンタルトレーニングを試して欲しいと思います。それこそが、あなたが現場へ復帰するための準備として最高のものになると思います。ケガをして体もパワーアップして、心も健康にまた心もパワーアップできれば、もっとうまく強くなるに違いありません。この本を読まれたスポーツ選手以外の方々や病気で落ち込んだり、悩んでいる方々にも必ず役に立つと思います。ぜひ、この本を楽しんで読んで欲しいと思います。」

第8章　怪我に悩んでいるアスリートへの助言

　長年に渡り、世界の第一線でメンタルトレーニングを研究・指導され、非常にたくさんのアスリートと接してこられた高妻先生の述べられたこと、さすが、読んでいるだけで自然とプラス思考に導かれていく感じです。コントロールできない過去を悔やむことに時間を割かずに、自分でコントロールできる現在をどのように考えるか！　そして、どのように未来につなげるか！
　さらに怪我をしたら、こんなにメリットがあるのか！　と、怪我をしことが得をしたようにさえ思える助言です。怪我をしていてもメンタルトレーニングはできますので、是非、試していただけたらと思います。

怪我に悩む時間を減らすことが大切！

　元プロ野球、西鉄ライオンズ、国鉄スワローズ選手、その後、野球解説者、2006年に野球殿堂入りした豊田泰光氏。戦後のプロ野球から現在の野球を見て時代の変遷とともに進歩する医学を踏まえての一言です。
　「私が現役の頃は、整形外科の治療が遅れていて、痛い所に湿布を貼る位の治療しかなかったものだから、回復に時間がかかった。現在は医学が進歩しているので、早めに適切な治療を受けるべきでしょう。手術が必要な怪我の場合は、悩まずに、切ってしまった方が良いと思う」

　レスリング競技グレコローマンスタイル52kg級ロサンゼルスオリンピック金メダリストの宮原厚次氏。日本のみならず世界レスリング界で、トップとして闘い続けることは至難の技です。その裏には、怪我をして落ち込んでいる時間は、非常にもったいない！　どんな状況でも、プラス思考を保つことが重要と考える姿勢が、大きな原動力であったと推察します。時には周囲の協力を得ながら、怪我を前向きに捉えていくことが大切と考えられている宮原氏からの一言です。
　「怪我をして落ち込んでいる暇はありません。もし怪我で悩んでいるときには一人で悩まず、指導者やドクターに相談しなさい。そして、アドバイスいただいた意見を参考にして、自分ができることから実施していき、決して

145

心の重荷にしないことが大切です」

　大相撲元関脇、水戸泉、現錦戸将斗親方。自身が多くの怪我を経験し、現在は親方として弟子の指導をしています。現役中、それから親方として、相撲を辞めてしまいたいほどの怪我に悩む力士たちにも接し、対応をしてきました。中には現役続行不能と医師に宣告され、それを克服し、復帰した弟子もいます。これらの経験からの一言です。
「怪我をして悩んでいるだけでは解決しない。どうしたいのかを考えるべき。やめたいと思うこともあるかもしれないが、やめて楽な道を選んで後で後悔するようなことは避けるべきでしょう」

　新宿ATTIC店長、谷口武士氏。長年、歌舞伎町で多くのアスリートと接してきました。その中で、もっとも印象に残っている元プロ野球選手について語ってもらいました。錦戸親方のコメントにも結び付く一言です。
「スラッガーと期待されプロに入り3年間で右肘に4回、左肘に2回メスを入れ、辞めた選手がいました。彼はその後、中華料理店で働きながら『野球はもう見ることもない』の思いでいました。
　しかし1年後、自分自身と真剣に会話し「やはり俺には野球しかない」との結論を出しました。
　他チームのテストを受け、1年間2軍帯同を許可された後、翌年プロ野球選手として復活しました。結局それから2年間、1軍出場はなかったのですが、プロ野球界を去るときの彼の表情は実にさわやかでした。
　『本当にやりたいことは何か？』この思いさえ明確であれば、パワーはとめどなく湧き出てくる！　と感じました」

焦らない姿勢が大切！

　東京ベイフットボールクラブドクター、日本テニス協会、日本ラグビー協会ドクター、昭和大学病院整形外科准教授の平泉裕氏。スポーツドクターと

して、数多くのアスリートの怪我に携わってきた経験からの一言です。
「整形外科スポーツドクターとしてサッカー選手をお世話する機会が多いのですが、中でも膝の怪我に悩まされる選手が多いようです。サッカーの場合、激しい選手同士の接触プレーから膝関節の十字靭帯、側副靭帯、半月板や関節軟骨の損傷が起こりやすく、いずれも自然治癒が難しいことから現場復帰するためには一定期間のリハビリテーションが必要となります。選手としては早期復帰を焦るあまり、不完全な回復状態でグラウンドに飛び出して、かえって症状が悪化する要因になっています。スポーツドクターの仕事はチームの監督、コーチ、トレーナーと選手個人の間に入って復帰プログラムや心理的ケアをお手伝いする役割です。どうぞ一人で怪我の悩みを抱え込まずに、私たちスポーツドクターを良き相談相手と思って声をかけてください。スポーツドクターはアスリートとの交流を大切にする人が多いのです。」

柔道ソウルオリンピック代表、バルセロナオリンピック銅メダリスト、世界柔道選手権2連覇、現在、筑波大学柔道部総監督、つくばユナイテッド柔道代表の岡田弘隆氏。数多くの怪我を克服してきた経験、またソウルオリンピック前の怪我で焦ってしまい、十分な練習ができなかった経験、そして多くの柔道家を指導されてきた経験から、焦らずに、しっかりと怪我を治すことの重要性を語りました。
「ほとんどの怪我は、時間をかけてしっかりリハビリをすれば必ず治ります。絶対に良くなると信じてリハビリを行ったり、怪我をしていない部分のトレーニングを行うことが重要です。少しでも早く治して競技に復帰したいと思う気持ちは誰もが同じですが、そこで焦らないことが大事だと思います」

元日本ハムファイターズ投手、現楽天イーグルスジュニアヘッドコーチ今関勝氏。高校時代に、深刻ないじめに遭い、自ら命を絶つことまで考えた経験を持ちます。また日本ハムファイターズを解雇された後、大リーガーを夢見てアメリカ独立リーグ、Bridgeport Bluefish（Atlant:c League）で3年間、

プレーされました。独立リーグはメジャーリーグと異なり、非常に過酷な労働環境でプレーしなくてはいけません。

このような自らがとても苦労した経験をもとに、怪我をした選手への対応について、

「怪我をした選手への接し方は、まずは気にかける姿勢を見せます。一方で、過保護・過干渉にはしません。ただし、大きな怪我をした選手に対しては注意深くケアをします。そして今、我慢すれば長く野球ができると伝えています」と、コメントしました。

今関氏はメンタルトレーニングを学んでおり、ジュニア選手のメンタルをサポートしながら指導者として活躍されています。

元プロ野球、埼玉西武ライオンズ選手の高木大成氏。いくつもの手術、リハビリを通して、自分の体調、怪我をじっくりと考え続けてきた経験から、焦らず、自分に適した方法で治療すべきと述べました。

「今すぐの活躍を求めないで、じっくりと治してほしい。焦らない努力をしてほしい。専門家の意見を聞いて、一方で、自分に合わない場合もあるので鵜呑みにせず、自分なりに噛み砕いてリハビリに励んでほしい」

女子サッカーLリーグ、JEFレディースの高橋佐智江氏。膝の怪我、複数回の手術、怪我が順調に回復しない…それでも、復帰に向けてリハビリに励まれました。そんな経験からの一言です。

「怪我をしていても、焦らずに自分の納得がいくまでやれるだけのことはやってみることが大切だと思います」

将来を考えることが大切！

スノーボード選手の片岡弥生氏（RAVEN所属／トータルスノーボードスクールSTEP7受講生）。左側に続き右側の膝前十字靭帯損傷という二度の大怪我に悩みながらも、メンタルトレーニングを勉強し、また良き指導者に

支えられながら克服され、現在も現役でスノーボードを続けられています。
「怪我をされて苦しんでいるアスリートの皆様、今は辛い時期を送られている方も多いと思います。けれど、今回私が怪我によって経験した全てのことは、長い人生のたった一部分なのです。決して自分を追い込まず、自分を見失わず、未来を信じて頑張ってください」

　吹田マーヴィーズ代表取締役の元野勝広氏。日本人初のプロアメリカンフットボール選手としての内定を得ながら、怪我による脳脊髄液減少症で夢をあきらめざるを得なかった経験を振り返っての一言です。
「毎日つらい、しんどいのはよくわかります。しかし復帰した自分の姿を無理矢理でもいいから毎日強烈にイメージしてください。そうすればいずれ道がみえてきますので、あとは焦らず一歩ずつ前に進みましょう」

怪我をしたときこそ、メンタルが大切！

　長年、プロ野球界と関り、現在、日本ハムファイターズゼネラルマネージャーの山田正雄氏。多くのプロ野球選手と接してきたと同時に、怪我に悩む選手、ときには怪我により引退した選手を多く見てきました。これらの経験から、怪我の克服にはメンタルトレーニングの考えが重要と述べました。
「プロ野球選手にとって故障は人生を左右する大問題です。　私自身、故障で現役引退しました。リハビリは大変つらいものです。しかし、メンタルトレーニングを学ばれた高橋先生が執筆されたこの本には、それを乗り越えるための知恵が詰まっています」

　MLBフロリダ・マーリンズ、アシスタント・ストレングス＆コンディショニングコーチ、モントリオール・エクスポズ、ヘッド・ストレングス＆コンディショニングコーチ、ワシントン・ナショナルズ、ヘッド・ストレングス＆コンディショニングコーチを務め、現在、株式会社ドームにて、DOME ATHLETE HOUSEゼネラルマネージャーとして、数多くの選手、トレーナー、

指導者の育成に活躍中の友岡和彦氏。

　国内外で、数多くの怪我に悩むアスリートに接してきた経験からの一言です。
「怪我をした選手が、復帰すると以前よりもパフォーマンスが上がっていたという選手も少なくありません。そのほとんどの選手は、リハビリのときに常にポジティブに考え、これは自分に足りないことを伸ばすための時間だと思い、怪我した以外のフィジカルトレーニングに励んでいました。そうしたつらい状況で頑張ることにより肉体的な向上はもちろんのこと、精神的な強さも得られたように思えます。そしてそういった選手たちは、怪我をした時間があったから正しいトレーニングの方法、試合に対する準備の方法がわかったと常に前向きに考えています。このリハビリの時間を使って、自分の可能性をもっと、もっと引き出してみてください」

友岡和彦氏

　サッカー JFL、佐川印刷 SC、ガイナーレ鳥取、FC 琉球でプレーした堀池勇平氏。自身が学生時代にメンタルトレーニングを学び、度重なる怪我の克服にも応用してきました。これらの経験からの一言です。
「メンタルを充実させることが、早く復帰できたり、怪我の前よりも強くなれることに繋がると思います。不安や焦りを感じることもありますが、無理をせず、『前より強く、うまくなっている自分』をイメージして頑張ってください」

　接骨院での治療を通じて、数多くの怪我に悩む方々に接してきた、むち打ち治療協会代表理事、柳澤正和氏。

第 8 章　怪我に悩んでいるアスリートへの助言

　自らメンタルトレーニングを学び、治療と同時にメンタル強化の重要性を強調しています。
　「怪我をしたときはチャンスだと考えてください。自分を見つめ直す時間を与えられているのです。今の苦しみに時間を費やすのではなく、未来の成功を手に入れるための綿密な計画を立てる楽しい時間を過ごしましょう！　あなたの夢を応援します」

柳澤正和氏

　サムライ審判こと米国 MLB 傘下 AAA 審判員、平林岳氏。長い審判人生を通じて、多くの怪我に悩む野球選手・アスリートと接してきました。この経験から実感されている点について語りました。
　「病は気から！　といいますが、怪我の回復にもメンタルが大きく影響すると思います。怪我を克服した未来の良いイメージを描くことができ、目標や希望を強く持てる方ほど、怪我の治りが早いように感じています」

　元プロ野球、ヤクルトスワローズ、オリックスブルーウェーブ選手で、プロ野球引退後は、茨城ゴールデンゴールズ、フェデックスで選手兼任コーチを経て、現在は鉄腕硬式野球部監督の副島孔太氏。

　怪我とともに野球を続け、そして現在、野球教室を通じて、多くの野球少年に対し、プロ直伝の指導も行っている経験からの一言です。
　「私は中学二年生の頃から、膝の痛みと共に野球をしてきました。手術も 15 歳、25 歳のときと 2 度経験しました。その度に思っていたことは、『今までより必ず良くなる』それだけです。今は医療の技術も進歩しているし、手術自体は、あっという間です。後は、自分がどうなりたいかだけですので、

強い、前向きな気持ちさえ持っていれば、必ず良い方向に行きます。後は、怪我と上手に友達になってください。皆さん、頑張ってください」

某体育大学大学院修了スポーツ科学専攻の伊藤凛子氏。小学時代からバレーボールを始め、30年以上経った現在も、指導者として活躍中です。長年、バレーボールに関ってきた経験からの一言です。

副島孔太氏

「バレーボールは皆さんご存知のとおり、ネットを挟んで相手と対峙し、床にボールを落としてはならないという集団スポーツです。低い姿勢でレシーブをしたり、ブロックをしたり、スパイクをしたりすることが多いので、大抵の選手は足首、膝、腰、肩などにスポーツ障害を抱えています。

怪我をした選手は、全力でプレーができない焦りから、落ち込みがちです。加えて集団スポーツですからチームメイトにも申し訳ないという気持ちで自分を責めることが多いようです。

しかし、原点に立ち帰ってみれば、怪我をしたということは、それまで最大の努力をしてきた結果であるので、何も落ち込むことはないと思うのです。

バレーボールにおいてはボールがどんなスピードでどこに落ちるのかという予測をたてることが大変重要です。ですから、怪我をした選手はまず、医師と相談のうえ、今までの経験を分析し、自らの英知でボールの軌跡について考えてみることをお奨めします。そうすることで復帰するときには、さらに偉大なプレーヤーになっていることでしょう。

私は大学院でスポーツ運動学を学び、スポーツのファミリーという言葉を学びました。それは、スポーツのスキルによって似たものが必ずあり、系統的に学習することにより効果があがるというものです。
　怪我をしてバレーボールの選手としては復帰できない場合、バドミントンや卓球、その他、世界のスポーツの中には必ずファミリーと呼べるものがあるはずです。是非探して再チャレンジしてみてください。
　また、事故や病気で足を失ったような場合でもシッティングバレーボールというものがあります。試合でのスパイクや、ボールの道筋を読んだブロックなど圧巻です。
　私が伝えたいことは、怪我をしたときこそ、己を見つめ直す最大のチャンスであると捉え、持てる機能をフルに発揮できるように集中することが大切だと思います。そのためには身体のトレーニングと同時に心のトレーニングが絶対に必要です。
　そのトレーニングとは他者から与えられるものではなく、自ら実践していくということをアスリートであれば理解でき、チャレンジしていくものと私は確信しています。」

あきらめない気持ちが大切！

　アルペンスキー選手、長野オリンピック、ソルトレイクシティーオリンピック、トリノオリンピック、バンクーバーオリンピックと４大会連続日本代表の皆川賢太郎氏。両側の膝前十字靭帯を損傷しながらも、ソチオリンピックに向け、頑張っています。
　「当人以外が自分の人生で主人公にはなれない！　だから自分に与えられた現実全てに意味がある。
　ただし、なりたい自分になるためには自分を信じあきらめないことが大切。どこまで行けるかも、どこまでやれるかも決めるのは主人公しか出来ないのだから。
　達成する、勝つまでやれば叶わないことは一つもない」

日本ラケットボール史上、初の女子プロプレーヤーとして活躍された廣林恭子氏。不幸な三徴候といわれる膝の前十字靭帯断裂、内側側副靭帯損傷、内側半月板損傷という大怪我を乗り越え、膝の痛みと闘いながらプレーされた経験からの一言です。
　「私が皆様に伝えられることは、『泣きたいときには思いっきり泣いて、そして決してあきらめないこと』。あきらめなければ、絶望的な怪我も転じて飛躍のチャンスに変わることを学びました。目標に向かっている方は、どのような形でも構わないので関係する全ての方に感謝をもって"あきらめない"ことをお勧めいたします。私のような甘ったれの言葉が皆様の奮起となることを祈っています。(一期一会)」

　元栃木SC選手　吉田貴郁氏。左半月板損傷で手術を受けた経験を、サッカー人生に役立て、現在、指導者として活躍しています。
「あきらめないでほしい！　怪我をしてやめるのではなく、怪我をしてわかることがある！」

　多以良泉己氏。競輪選手として活躍していましたが、レース中の怪我で、脳、頚髄損傷、四肢麻痺。奇跡的な回復を遂げましたが、左半身の麻痺などに加え、スポーツ心臓独特の、運動を突然辞めたことによる心臓発作にも苦しみました。左半身の麻痺だけでも、相当、大変です。加えて頭痛、頭が働かない、心臓が苦しいといった症状があります。そんな状況にもかかわらずに頑張られている多以良氏からの一言です。
　「あきらめない気持ちが大事です。競輪選手としてはあきらめることになってしまったけれど、現在は違う形で障害者自転車競技に取り組んでいます。
　アスリートは苦しいことにも耐えられるし、目標に向かって努力し続けられるからあきらめないで欲しいです。僕は自転車をやることによって、だんだん筋肉もついてきて、心臓の発作も減って、少しずつよくなっているよう

な気がします。
　昔みたいには戻れないけれど、それに近い状態へ近付いてゆけると信じています。昔の自分とは比べたらいけないけれど、違う目標を持てれば前向きになれる。だから僕にとってスポーツは、一生切っても切り離せないものなのです」

　「あきらめない」という言葉は、とても重い言葉です。吉田氏、多以良氏は現役選手としての道は絶たれましたが、決して挫折せず、現在、第二の人生を歩まれています。怪我の後遺症に悩み、何もかもやめてしまいたいという気持ちになることがあるかもしれません。それでもあきらめず、時間をかけて向上していくことが大切です。

あとがき

　できあがった原稿を読み返し、アスリートにとって怪我というものは、生存がかかった深刻な問題だといっても過言ではないと改めて感じています。怪我からの復活に伴う壮絶な努力や鍛錬は、まるで波乱万丈なドキュメンタリーを観ているかのようでした。それらの経験談をまとめているうちに、私のような大きな怪我をしたことのない者が怪我を語る資格などないのではと感じたこともありました。しかし、スポーツ心理学におけるメンタルトレーニングを怪我に悩む方々に応用したい！　という初心を思い返し、なんとか執筆を進めていくことができました。

　どうしてこんな怪我から復活できたのかと、俄かには信じられないような経験をしたアスリートたちは、一朝一夕にそれを克服したのではありません。治療やリハビリは当然のこととして、それと同時にメンタル面を充実させて、いかなる困難な壁であっても乗り越えていったのです。
　彼ら、彼女らの、絶望のどん底から這い上がっていった精神力は、一般人には真似できない難しいことと感じてしまうかもしれません。しかしアスリートたちが取り入れたメンタル面での考え方一つ、一つは、だれでも取り入れることが可能なものです。本書により、怪我に悩む方々が自分自身に合うやり方を見つけ、そして取り入れ、心の負担を軽減するだけでなく、プラス思考につなげて「怪我の功名」を生み出していただければ、著者として、これ以上の嬉しいことはありません。

　また本書を執筆中に、東北地方太平洋沖地震が発生しました。東北人である私にとっては、非常に心痛む震災でした。犠牲者の方々の御冥福を心よりお祈り申し上げます。同時に、被災された方々に、心からお見舞い申し上げ

あとがき

ます。震災発生後は、大変な思いをされている方々に対して、東京の地で私ができることは何かと悩み、考えました。スポーツの怪我と震災とは同一線上にないと理解しつつも、震災に苦しまれている方々や悩まれている方々へ、本当に微力ではありますが、わずかでも勇気づけることができればとの想いをこめて書き上げました。

　本書完成のためには、怪我の経験に関するインタビューが不可欠でした。中には、思い出したくないような過去を、怪我に悩む方々のためになればという熱い思いで語ってくださった方もいらっしゃいました。協力いただいた方々に深謝します。
　また、東海大学体育学部高妻容一教授、東海大学メンタルトレーニング・応用スポーツ研究会スタッフおよび関係者各位、元高校野球部メンタルトレーニングコーチの藤岡浩史氏、日本ラケットボール協会理事の四ツ谷憲二氏、上野歯科医院院長の上野修氏、札幌市東区環状通東商工振興会会長の大坂秀樹氏、元気座座長の大平直也氏、こばやし整骨院院長の小林正俊氏、メットライフアリコ役員秘書の阪口さつき氏、ライターの菅原悦子氏、ウィーダートレーニングラボの吉田直人氏並びに鈴木拓哉氏、デンタルクリニック・ファインビュー矯正・スポーツ矯正マウスガードアドバイザーの田島春美氏、ラケットボール team ひよこ代表の中嶋滋子氏、ののみや接骨院院長の野々宮祥史氏、小説家の廣野すぐり氏、元西武ライオンズチアリーダーの藤井ナナ氏、Costume stylist の布野美津子氏など多くの方々に指導、励ましの言葉を賜りました。
　さらに、震災後の厳しい環境にかかわらず、本書の出版を実現していただいたベースボール・マガジン社の方々に心より御礼申し上げます。
　この場を借りて、皆様に改めて、深く感謝の意を表します。

高橋　浩一
2011年5月

著者略歴／高橋 浩一 [たかはし・こういち]

1965年 宮城県仙台市生まれ
1990年 東京慈恵会医科大学卒業、同年、東京慈恵会医科大学脳神経外科勤務
2000年 川淵賞（小児脳神経外科学会年間最優秀論文）受賞
2000年 医学博士修得
2000年-2002年 ロサンゼルス小児病院/南カリフォルニア大学留学
2006年 山王病院脳神経外科勤務
2010年 山王病院脳神経外科副部長

医学博士、日本脳神経外科学会専門医・評議員、日本プロボクシングコミッションドクター

著書：脳卒中後遺症・脳脊髄液減少症・むち打ち症患者のための　病に打ち克つメンタル強化法（蜜書房）

ホームページ：http://www.takahashik.com

※イラスト：若林陽介

スポーツ選手のための
ケガに打ち克つメンタルトレーニング

2011年7月15日　第1版第1刷発行

著　者　　高橋浩一
発行人　　池田哲雄

発行所　　株式会社ベースボール・マガジン社
　　　　　〒101-8381
　　　　　東京都千代田区三崎町3-10-10
　　　　　電話（03）3238-0181（販売部）
　　　　　　　（03）3238-0285（出版部）
　　　　　振替 00180-6-46620
　　　　　http://www.sportsclick.jp/

印刷・製本／共同印刷株式会社

©K.Takahashi 2011
Printed in Japan
ISBN978-4-583-10386-0 C2075

※本書のイラスト・文章の無断転載を厳禁します。
※落丁・乱丁本はお取りかえいたします。
※定価はカバーに表示してあります。